Warten, daß er kommt

Advent und Weihnachten

Herausgegeben und eingeleitet von
Sigrid und Horst Klaus Berg

Kösel/Calwer

Biblische Texte verfremdet Band 2
Herausgegeben und eingeleitet von Sigrid und Horst Klaus Berg

CIP-Kurztitelaufnahme der Deutschen Bibliothek

Warten, daß er kommt: Advent u. Weihnachten /
hrsg. u. eingel. von Sigrid u. Horst Klaus Berg. –
München : Kösel; Stuttgart : Calwer Verlag, 1986.
(Biblische Texte verfremdet; Bd. 2)
ISBN 3-466-36367-5 (Kösel)
ISBN 3-7668-0809-5 (Calwer Verl.)
NE: Berg, Sigrid [Hrsg.]

© 1986 by Kösel-Verlag GmbH & Co., München und
Calwer Verlag, Stuttgart.
Printed in Germany. Alle Rechte vorbehalten.
Gesamtherstellung: Kösel, Kempten
Umschlag: Günther Oberhauser, unter Verwendung der Abbildung:
Alexej von Jawlensky, Das Wort, 1933. (Abstrakter Kopf Nr. 98)
© 1986, Copyright by COSMOPRESS, Genf
ISBN 3-466-36367-5 (Kösel)
ISBN 3-7668-0809-5 (Calwer)

INHALT

EINFÜHRUNG

Ist mein Wort nicht wie Feuer, spricht der Herr, und wie ein Hammer, der Felsen zerschmeißt?   Jer 23,29

Denn gleichwie der Regen und Schnee vom Himmel fällt und nicht wieder dahin zurückkehrt, sondern feuchtet die Erde und macht sie fruchtbar und läßt wachsen, daß sie Samen zum Säen gibt und Brot zum Essen, so soll das Wort, das aus meinem Munde geht, auch sein: Es wird nicht wieder leer zu mir zurückkommen.   Jes 55,10

Und es begab sich, als Jesus diese Rede vollendet hatte, entsetzte sich das Volk über seine Lehre; denn er lehrte mit Vollmacht und nicht wie ihre Schriftgelehrten.   Mt 7,28 f

Ein Wort wie Feuer... eine Rede wie Brot... eine Predigt, die Entsetzen auslöst...: So hat das Wort immer wieder Menschen in biblischer Zeit getroffen, brachte Bewegung in ihr Leben, stellte sie vor Entscheidungen.

Was ist davon geblieben?

Die immer gleichen Bibeltexte ziehen an uns vorüber: als Perikope im Gottesdienst, als vorgegebener Schriftabschnitt in der täglichen Lesung, als Stoff im Religionsunterricht.

Dadurch kommt es zu einem Gewöhnungseffekt; „overfamiliar" nennt man im Englischen ein Verhältnis, in dem übergroße Vertrautheit eine wirkliche Begegnung nicht mehr aufkommen läßt. Das allzu Bekannte erkennen wir nicht mehr.

Aber nicht nur Gewöhnung ist die Gefahr, sondern auch, daß wir die biblische Botschaft nach unseren Bedürfnissen zurechtmachen. Aus dem Feuer des Wortes wird nur allzu leicht die Warmhalteplatte bürgerlich-religiöser Behaglichkeit.

Wir müssen die Vertrautheit aufheben, damit die Bibel wieder fragwürdig wird.

Eine wichtige Methode ist die Verfremdung.

Die Bände „Biblische Texte verfremdet" bieten dafür viele Beispiele und Anregungen.

Drei Schritte zum Verstehen

Wer sich mit Verfremdungen beschäftigt, sieht sich mit Texten oder Bildern konfrontiert, die Aufmerksamkeit erregen und zur Auseinandersetzung provozieren wollen. Um genauer zu klären, was bei dieser Auseinandersetzung geschieht, wollen wir den Verstehensprozeß einmal schrittweise darstellen, auch wenn er beim praktischen Umgang mit Verfremdungen sicher oft ganz anders verläuft.

Wir setzen nicht bei der fertigen Verfremdung ein; diese gewinnt ja ihr eigenes Profil erst durch die Spannung zum Bibeltext, mit dem sie kritisch umgeht. Darum fragen wir in einem *1. Schritt* nach der ursprünglichen Botschaft der biblischen Überlieferung von der Menschwerdung Gottes, die den Verfremdungen dieses Bandes zugrunde liegt.

Sodann prüfen wir in einem *2. Schritt,* welche Barrieren, Mißverständnisse, Gewohnheiten sich heute zwischen uns und die biblischen Texte geschoben haben. Können wir ihre Botschaft noch aufnehmen?

Schließlich untersuchen wir, mit welchen Absichten und Methoden sich heute Schriftsteller und Künstler verfremdend mit diesen Texten auseinandersetzen *(3. Schritt).* Das werden wir an Beispielen aus diesem Band erläutern. (Eine ausführliche Darstellung bietet Band 1. Er enthält außerdem Modelle zum Einsatz von Bibelverfremdungen in Religionsunterricht und Gemeindearbeit sowie Anleitungen zu eigenen Verfremdungsversuchen.)

1. Schritt: Die Botschaft der biblischen Texte

Da sind zunächst die prophetischen Texte aus dem Alten Testament: Jes 9,1–7 und 11,1–10 sowie Jes 40,1–5. Die beiden ersten Texte bringen die Hoffnung zur Sprache, daß das zerschlagene Volk Gottes zur Zeit der assyrischen Bedrückung noch einmal Gottes Hilfe erwarten kann, daß ein neuer Sproß aus dem Davids-Geschlecht es zu Frieden und Freiheit führen wird. – Ganz ähnlich ist die Situation bei der Entstehung von Jes 40: Israel muß sich im fremden Land unter die Knechtschaft Babylons beugen. Aber die erhoffte Rettung ist so greifbar nahe, daß schon jetzt der Jubel ausbricht.

In allen Texten geht es darum, daß die Unterdrückten auf die Befreiungstat Gottes hoffen. Die Bilder, in denen die Propheten diese vorstellen, sind so überschwenglich, daß sie die Dimension der geschichtlichen Einlösung weit übersteigen. Es bleibt ein Überschuß an Hoffnung, der in die Zukunft weist.

Das Neue Testament bezeugt, daß Christus dieser erhoffte Friedenskönig ist, daß in seiner Praxis und Geschichte die Gottesherrschaft zeichenhaft angebrochen ist. Darum greifen die neutestamentlichen Zeugen auf Schritt und Tritt in den Hoffnungsvorrat Israels zurück und bekunden: Er ist es, auf den alle warten. – Einer der Texte, der dieses Zeugnis programmatisch verdichtet, ist die Antwort Jesu auf die Anfrage des Täufers: „Bist du der, der kommen soll, oder müssen wir auf einen anderen warten?" (Mt 11,2–6). Jesus bezieht die alttestamentliche Verheißung aus Jes 35,3 f auf sich selbst.

Die kritische Erforschung des Neuen Testaments zeigt, daß das Zeugnis vom Wirken Jesu, von Kreuz und Auferstehung, den Kern der Überlieferung bildet. Erst im nachhinein, vom Glauben an den Auferstandenen her, hat die Gemeinde dann von der Geburt des Messias erzählt.

Diese Texte sind kein Fabulieren über allerlei wundersame Begebenheiten, sondern höchst absichtsvoll gestaltete erzählende Theologie:
– Weil sie bezeugen wollen, daß Jesus der von alters her erhoffte Friedenskönig ist, schreiben die Erzähler seine Stammbäume auf;
– weil sie aus der Praxis und Geschichte Jesu wissen, daß mit ihm die Gottesherrschaft angefangen hat, wird er schon am Anfang seines Lebens in der Engelbotschaft „Heiland" und „Herr" genannt (Lk 2,11);
– weil sie überzeugt sind, daß die Herrschaft Gottes alle irdischen Machtverhältnisse aufhebt und keine menschliche Tyrannei mehr gelten läßt, preist Maria in ihrem Lobgesang die Revolution Gottes (Lk 1,46–55); darum beten ihn schon jetzt die Vertreter der nichtjüdischen Welt an (Mt 2,1–12);
– weil sie an und mit Jesus erfahren haben, daß Gott seine Herrschaft nicht mit Gewalt ausübt, sondern in Niedrigkeit und Hingabe, kommt er im Stall auf die Welt und erleidet schon am Anfang seines Lebens tödliche Verfolgung (Mt 2,13–23);
– weil Jesus zeigte, daß Gott sich mit den Erniedrigten verbindet und allein für sie da ist, kommt das Kind im Stall zur Welt, sind die verachteten Hirten die ersten, die ihm die Ehre geben;

– weil den Erzählern alles daran liegt, daß dies alles allein von Gott kommt, darum berichten sie von der wunderbaren Geburt aus der Jungfrau.

Die Botschaft der neutestamentlichen „Weihnachtserzählungen" liegt also nicht in ihnen selbst, sondern erschließt sich nur aus dem ganzen Zeugnis vom Christus und seiner Geschichte.

2. Schritt: Wie nehmen wir heute die biblische Überlieferung wahr?

Sind wir noch in der Lage, diese Botschaft zu hören? Wird sie nicht von dem gigantischen vorweihnachtlichen Rummel verdeckt, vom Klingeln der Ladenkassen übertönt, von der Süßspeise des Kitsches erstickt?

Und selbst wenn wir die alten Worte der weihnachtlichen Texte hören – sind sie uns nicht so vertraut, daß sie nicht mehr zu uns sprechen?

Aber auch dem inhaltlichen Verständnis der biblischen Botschaft stellen sich schier unübersteigbare Hindernisse in den Weg:

– Die Tradition hat die erzählten Vorgänge, vor allem die Geburtsgeschichten nach Lukas 2, mit soviel himmlischem Glanz überstrahlt, daß sie eigentlich keinen erkennbaren Bezug zur Wirklichkeit mehr haben.

– Der revolutionäre Gehalt der Botschaft von der Menschwerdung Gottes ist längst dahin. In einer Welt, die von Waffen starrt, in der täglich gefoltert und gemordet wird, muß es wie blanker Hohn klingen, wenn Maria singt:

Er hat Gewaltige vom Thron gestoßen
und Niedrige erhöht.   Lk 1,52

In einer Welt, in der die einen nicht mehr gehen können, weil sie zu fett geworden, und die anderen, weil sie vor Hunger entkräftet sind, ist ganz unglaubwürdig geworden, was die Magd des Herrn lobt:

Hungrige hat er mit Gütern erfüllt
und Reiche leer hinweggeschickt.   Lk 1,53

– In der überkommenen Sicht ist die Rolle der Menschen im Drama der Menschwerdung Gottes ganz und gar passiv. Lediglich die

8

Aufgabe des Lobpreises für das empfangene Heil ist ihnen zugedacht. Das läßt sich leicht am traditionellen christlichen Liedgut zum Weihnachtsfest ablesen. Wen wundert es, wenn die Grundeinstellung zu Weihnachten die des passiven, konsumorientierten Genießens ist?

Mit dieser Situation müssen sich alle Versuche, die biblische Botschaft neu zu beleben, auseinandersetzen.

3. Schritt: Wie gehen die Verfremdungen auf diese Situation ein?

Neue Sprachformen heben die übergroße Vertrautheit auf

Zunächst einmal geht es in den Verfremdungen darum, die eingespielten Wahrnehmungsgewohnheiten des heutigen Lesers oder Hörers zu stören, dafür zu sorgen, daß das allzu Bekannte in neuem Licht erscheint. Dabei stützen sie sich auf die Verfremdungstheorie von Bertolt Brecht, die dieser im Blick auf die Erneuerung des Theaters entwickelte ("V-Effekt"). Brecht beschreibt den geplanten Vorgang so: "Der V-Effekt besteht darin, daß das Ding, ... auf welches das Augenmerk gerichtet werden soll, aus einem gewöhnlichen, bekannten ... Ding zu einem besonderen, auffälligen unerwarteten Ding gemacht wird" (Schriften zum Theater, Werkausgabe Bd. 15, Frankfurt 1967, S. 355).

Wie kann diese Wirkung erzielt werden?

Vor allem durch Aufbrechen der bisherigen Sprachformen. Wenn beispielsweise die biblischen Erzählungen auf wenige Zeilen verdichtet werden, ist die Aufmerksamkeit des Lesers gleich geweckt (Beispiele: 2.13; 2.31). Oder ein Pächter schreibt seinem Grundbesitzer einen Brief, in dem er das seltsame Verhalten der Hirten von Betlehem berichtet (2.26). – Ein interessantes Stilmittel ist auch die Montage. Die Verfremdung schiebt in den Bibeltext neues Sprachmaterial ein, in der Regel solches, das die Bedeutung der biblischen Überlegung für die Gegenwart unterstreicht (Beispiel: 2.3). Der gleiche Text arbeitet übrigens auch mit dem Mittel der Kombination mehrerer Bibelstellen.

Manche Verfremdungen wählen die Methode der geschichtlichen Fortschreibung. Kurt Marti treibt den Lobgesang der Maria in die

Geschichte voran, bis hinein in unsere Zeit; dadurch konfrontiert er in ganz neuer Weise mit der verändernden Kraft des altvertrauten Magnifikat (2.9).

Eine besonders verdichtete Sprachform hat Eva Zeller gefunden (2.4). Sie erreicht dies, indem sie verschiedene biblische Texte zum Thema „Name Gottes" durch äußerst knappe Zitate abruft: In der ersten Strophe ist wohl Ex 3,1–14 angesprochen, wo Jahwe seinen Namen als Unterpfand der Befreiung offenbart. Die zweite Strophe spannt offensichtlich den Bogen zum „Christus-Psalm" Phil 2 (vor allem V 9 und 10). Die dritte Strophe bezieht sich dann auf die Entfaltungen des Messias-Namens in Jes 9,1–6. Die beiden letzten Zeilen greifen die erste Bitte des Vaterunsers auf. – Sind diese Anspielungen entschlüsselt, dann blüht aus dieser Nußschale von Text ein weiter Kosmos biblischer Erfahrungen mit dem befreienden und rettenden Gottes-Namen auf. Diese verbindet Eva Zeller nun mit einem überraschenden Bild, das schon in der Überschrift anklingt: Winter. Der „weggeschnittene Atem" signalisiert Kälte, vielleicht auch Entbehrung. In der dritten und vierten Strophe ist die Anspielung auf die bekannte Ballade vom „Ritt über den Bodensee" leitend: Wie den Reiter das Eis über die bodenlose Tiefe trug – sogar ohne daß er es bemerkte – so hilft uns der Gottesname über Abgründe hinweg, vielleicht auch manchmal, ohne daß wir es ahnen. – Dieser Text zeigt nicht nur ein bemerkenswertes Beispiel kraftvoll verdichteter Sprache, sondern verdeutlicht auch, daß manche Verfremdungen eigentlich nur etwas für „Eingeweihte" sind, die sich auf das Dechiffrieren der knappen Anspielungen verstehen und den in ihnen verschlossenen Reichtum heben können.

Eine ganz eigene Sprache der Verfremdung hat die bildende Kunst. Eine ernstzunehmende Auseinandersetzung mit einem biblischen Inhalt will ja nicht ein vorgegebenes Thema illustrieren oder veranschaulichen, sondern sucht die eigenständige Perspektive. Wenn beispielsweise die „Madonna im Rosenhag" von Henri Matisse (2.30) das traditionelle Motiv in die Spannung zwischen heiterem Blumenmotiv und Kreuzsymbolik (durch Körpersprache ausgedrückt) stellt, dann kommt es zur Verfremdung der gewohnten und erwarteten Idylle – ein Denkprozeß über die Menschwerdung als Beginn des Weges Jesu in die Niedrigkeit bis hin zum Kreuz ist angeregt.

Neue Perspektiven heben die Gewöhnung auf

Traditionellerweise nehmen wir die biblischen Texte in fest be-
stimmten Räumen und Zeiten wahr; ihr Ort ist die biblische Geschichte des Alten und Neuen Testaments – weit entfernt von unserer
Lebenswelt. Die meisten Verfremdungen strengen sich an, diesen
Abstand aufzuheben. „Bethlehem, das liegt bei Duisburg", stellt
Dorothee Sölle fest (2.36). Oder die Menschwerdung Gottes ereig-
net sich in den Slums Lateinamerikas (z. B. 2.27 und 2.29), in
Afrika (z. B. 2.2; 2.8; 2.19) oder im faschistischen Vernichtungs-
lager (2.17).
Ein interessanter Perspektivenwechsel ist in der Karikatur 2.43 zu
beobachten. Die Heilige Familie flüchtet nicht mehr vor den Schergen des Herodes nach Ägypten, sondern nimmt Reißaus aus einer
Welt, in der Konsum und Kommerz schon längst die Menschen
verdrängt haben – es gibt nur noch gigantische, festungsartige
Türme aus Weihnachtsgeschenken, kein Ort, an dem Gott sich
aufhalten kann (und will). Hier zeigt sich, daß der Perspektivenwechsel meist eine stark zeitkritische Komponente einschließt.

Provokationen brechen erstarrte Wahrnehmungsmuster auf

Die zuletzt genannten Beispiele werden viele als Angriff auf die
eigenen religiösen Gefühle oder sogar als Beleidigung Gottes emp-
finden. Dieser Band bietet noch weitere Beispiele solcher Provoka-
tionen; etwa die Karikatur 2.48. Maria und Josef, mit dem Kind auf
der Flucht nach Ägypten, ziehen durch einen Schießstand und
unterbrechen damit für einen Augenblick das mörderische Geschäft:
Ein Störfall! Der Zeichner greift an – aber nicht die Heilige Familie,
sondern unsere Welt, die so von tötender Gewalt beherrscht ist, daß
man sie sich nur noch als einen einzigen Schießstand vorstellen
kann. Indem er die biblische Geschichte so kraß *verfremdet,* setzt er
grell ins Licht, daß wir selbst Christus und seiner Liebe total
entfremdet sind.
Ganz ähnlich provokativ geht der „Krippensermon für unsere Zeit"
vor (2.25). Christine Busta entlarvt mit ihrer ironischen Aufforderung: „Behängt nur die Ställe mit Flitter!" unser faktisches Verhalten. Wir „behängen" die harte Realität zur Zeit Jesu und zu unserer
Zeit mit „Flitter", dem falschen Glanz gekaufter Festlichkeit und

sentimentaler Fröhlichkeit. Indem wir uns so verhalten, bricht jede Beziehung zu Christus ab. So wie die Hirten nicht aufbrechen, sondern beim Grill hocken bleiben, kommen wir über den Weihnachtsbraten nicht hinaus; so, wie die Weisen sich nicht auf den Weg machen, sondern sich mit Unterhaltung und unverbindlichen Geschenken begnügen, gestalten wir selbst das Fest. Nicht einmal Herodes hat mehr Lust zum Morden, sondern kaut träge seinen Zimtstern.

Auch dieser Text will aus erstarrten Gewohnheiten zu einer neuen Begegnung mit der biblischen Botschaft herauslocken – nichts anderes heißt ja pro-vozieren. Wo unsere Verhaltensweisen verhärtet sind, schlägt eine Verfremdung auch einmal pro-vozierend drein, um neues Leben anzuregen. Das sollten wir bedenken, wenn wir uns provoziert fühlen.

Verstärkter Realitätsbezug belebt die biblische Botschaft

Fast alle Verfremdungen sehen in einem deutlichen Realitätsbezug eine gute Chance, die biblische Botschaft neu zur Geltung zu bringen. Die meist gewählte Methode ist der eben besprochene Perspektivenwechsel. Gerade bei den neutestamentlichen Erzählungen von der Geburt Jesu ist es aber auch notwendig, den überirdischen Glanz von den Texten selbst wegzunehmen.

Mit äußerster Konsequenz geht Kurt Marti vor (2.13): Das Geburtsgeschehen begreift er realistisch als natürlichen Vorgang, und eben daran zerbrechen die falschen Bilder von Gott als dem allgewaltigen Potentaten. Ernst Bloch notiert: „Zu einem Kind, das im Stall geboren wird, wird gebetet, näher, niedriger, heimlicher kann kein Blick in die Höhe umbrochen werden."

Ganz ähnlich arbeitet Kurt Wolff in seinem Hirten-Text (Quem pastores. 2.23). Provozierend setzt er ein: „Ohne Engel erreichen sie Maria und Josef und das Kind." Das läßt stutzen. Beim näheren Hinsehen zeigt sich, daß die Geschichte nicht verliert, wenn sie nicht länger im himmlischen Glanz strahlt; denn die Hirten geben nicht mehr Zeugnis auf himmlischen Befehl, sondern weil sie überwältigt sind. Gerade darum können sie überzeugen und Menschen zum Staunen bringen, als redeten sie „mit Engelszungen".

Aufdecken des revolutionären Gehalts gibt der Botschaft ihre Dynamik zurück

Die Einebnung ihrer revolutionären Stoßrichtung schwächt die Bibel entscheidend; das zeigte sich insbesondere an unseren Beobachtungen zum Magnifikat (Lk 1,46–55). Und eben an diesem Text setzen die Versuche ein, die verlorene Dimension wiederzugewinnen. Kraftvoll legt Kurt Marti wieder frei (2.9), daß die Revolution Gottes, die Umwertung aller Werte angesagt ist: Gott ist kein Sklavenhalter und durchkreuzt auch jede despotische Herrschaft von Menschen über Menschen. Wo das vergessen oder unterdrückt wird, gerät die Anbetung eben dieser Maria zum „blasphemischen kniefall von potentaten und schergen".

Die revolutionäre Botschaft der Bibel haben in den letzten Jahren vor allem die lateinamerikanischen Basisgemeinden neu entdeckt; als „Relectura", „Neulesen" versteht sich diese Bibelbewegung. Sie begreift die biblische Rede vom befreienden Gott ganz real als Zusage ihrer Befreiung von Unterdrückung und Ausbeutung. Ein besonders anregendes Beispiel ist ein Auszug aus dem peruanischen Gemeindebuch VAMOS CAMINANDO (2.29). Der Buch-Titel bedeutet „Machen wir uns auf den Weg", und eben dies tun die Christen aus der 3. Welt, motiviert und getragen von der befreienden Dynamik des Evangeliums. (Weitere Verfremdungen aus dem Bereich der 3. Welt in diesem Band sind: 2.7; 2.8; 2.12; 2.18; 2.19; 2.29; 2.40; 2.42). Sicher können wir diese Beispiele nicht ohne weiteres auf unsere westeuropäischen Verhältnisse übertragen, aber wir können uns die Frage stellen, wo wir selbst die praktischen Befreiungsimpulse des Evangeliums wahrnehmen.

Die Verfremdungen motivieren uns, „Täter des Wortes" zu werden

Natürlich ist der Befreiungsprozeß kein Ereignis, das wir allein von Gott erwarten dürfen. Darum ist es wichtig, auch die aktivierenden Tendenzen der biblischen Überlieferung wieder zu entdecken. Das versuchen viele Verfremdungen, wie die folgenden Beispiele zeigen:

– Wenn die Geburt Jesu in das Elend der Weberaufstände des 19. Jahrhunderts eingebunden wird, wie es durch die Einbeziehung der Graphik von Käthe Kollwitz geschieht (2.15), dann fordert uns das Bild heraus, für Verhältnisse zu arbeiten, in denen Kinder nicht verhungern und Mütter nicht verzweifeln müssen; die gleiche Herausforderung geht von den besprochenen Karikaturen 2.43 und 2.24 aus.

– Oder: Eine Verfremdung schildert, wie die Hirten „loswanderten", weil sie erkannt hatten, daß Gott zur Befreiung kommt. Die Kombination des „Hirten-Textes" aus Lk 2 mit einem eschatologischen Zitat aus 1 Kor 13 verstärkt die Wirkung noch; denn es wird klar, daß die Hoffnung auf die künftige Vollkommenheit nicht lähmt, sondern aktiviert.

– Symbolgestalten des Aufbruchs aus ängstlicher Trägheit und festgefahrenen Gewohnheiten sind in vielen Verfremdungen nicht nur die Hirten, sondern auch die Weisen (2.36, 2.41). Anschaulich schildert Dorothee Sölle (2.36), wie die Gelehrten zunächst losgingen, um die unerklärliche Stern-Erscheinung in die vertrauten Denk-Schemata einordnen zu können. Und sie machen die Erfahrung, daß der gekommene Gott sich nicht einordnen läßt, weder in wissenschaftliche noch in fromme Schemata („die kölner haben einen kasten gemacht...").

Wir sind am Ende unseres Rundgangs durch die Verfremdungen dieses Bandes. Unser Ausgangspunkt war die Beobachtung, daß die biblische Überlieferung oft nicht mehr zu hören ist. Franz Fassbind (2.21) hat das mit besonderer Rücksicht auf die göttliche Friedensbotschaft aus Lk 2,14 so formuliert:

„Überlieferte Wörter
infolge Abnutzung
unbrauchbar geworden –"

Verfremdung kann die „totgeglaubten Wörter" wieder zum Laufen bringen. Sie ist sicher kein Allheilmittel, aber doch eine starke Möglichkeit, mit abgenutzter Überlieferung wieder ins Gespräch zu kommen, ja, vielleicht sogar uns selbst aus müder Gleichgültigkeit ins Laufen zu bringen.

²Das Volk, das in der Finsternis wandelt, sieht ein großes Licht: die im Lande des Dunkels wohnen, über ihnen strahlt ein Licht auf. ³Du machst des Jubels viel, machst groß die Freude; sie freuen sich vor dir, wie man sich freut in der Ernte, wie man jubelt, wenn man die Beute teilt. ⁴Denn das Joch, das auf ihm lastet, den Stab auf seiner Schulter und den Stock seines Treibers zerbrichst du wie am Tage Midians. ⁵Denn jeder Schuh, der mit Gedröhn einherschreitet, und der Mantel, der im Blut geschleift ist, der wird verbrannt, ein Fraß des Feuers. ⁶Denn ein Kind ist uns geboren, ein Sohn ist uns gegeben, und die Herrschaft kommt auf seine Schulter, und er wird genannt: Wunderrat, starker Gott, Ewigvater, Friedefürst. ⁷Groß wird die Herrschaft sein und des Friedens kein Ende auf dem Throne Davids und über seinem Königreiche, da er es festigt und stützt durch Recht und Gerechtigkeit von nun an bis in Ewigkeit. Das wird der Eifer des Herrn der Heerscharen tun.

Jesaja 9,2–7

2.1

die weltbevölkerung
die im dunkel sitzt
und nicht mehr ein noch aus weiß
sieht plötzlich
ein licht

ein licht
geht auf
über unserer finsternis
und da bricht eine freude auf
ein tiefes aufatmen geht über die erde
die bevölkerung der erde
gerät in einen zustand der freude
überall wird es gemeldet
es spricht sich rund

es ist
wie bei einem großen erntefest
mitten in der steppe
es ist wie wenn
in der wüste
ein garten aufgebrochen wäre
und sich schnell ausbreite

überall hört man freude
der stock der antreiber
ist weggenommen
die schwere last
von hunger krieg
und sklaverei
ist weggenommen

ein kind
ist geboren
ein junge
und die führung
und regierung der welt
ist in die hand eines kindes gelegt
man gibt ihm einen namen
wunder heißt er
friede heißt er
gott heißt er
dieses kind

und dieses kind
sitzt
auf allen thronen der welt
in peking
in moskau
in washington
in london
in bonn
im vatikan
das kind
das wunder
der friede
regiert endlich die welt
ohne macht
in gerechtigkeit

Wilhelm Willms

Afrikanisches Krippenbild,
aus Korhogo, Elfenbeinküste

2.3 Ecce Homo – Sieh, ein Mensch

(Meditation zu Psalm 127 und Jesaja 9,5)

homo faber
mensch maschine
menschen am werk
fabrik werkzeug automat
technik gestell gerüst
menschen an der maschine
druck gewicht und kraft
maß und masse
pole ströme widerstände
akkord befehle
schmerz im ohr
homo faber
menschen am werk

DER HERR SELBST MUSS DAS HAUS BAUEN,
SONST ARBEITEN DIE BAULEUTE VERGEBLICH.

homo sapiens
mensch gehirn
ein plan prognose analyse
formeln theorie tabellen
menschen ohne zeit
streß termin und ziel
erfolgskontrolle
konferenzen meeting management
stempeluhr telex
schmerz im herz
homo sapiens
mensch gehirn

DER HERR SELBST MUSS DIE STADT BESCHÜTZEN,
SONST IST JEDE WACHE UMSONST.

homo erectus
mensch steht auf
hochhaus wecker badezimmer
zeitung frühstück ohne gruß
fahrstuhl tiefgarage auto
ampel stau parkplatz
ausweis sirene lärm
knopfdruck schieben runter hoch und ziehen
knopfdruck schieben runter hoch und ziehen
knopfdruck schieben runter hoch und ziehen
pause sirene
knopfdruck schieben runter hoch und ziehen
und so weiter weite weit wei we
schmerz im kreuz
homo erectus
mensch steht auf

IN ALLER FRÜHE STEHT IHR AUF
UND ARBEITET BIS TIEF IN DIE NACHT.
MIT VIEL MÜHE BRINGT IHR ZUSAMMEN,
WAS IHR ZUM LEBEN BRAUCHT.
WARUM QUÄLT IHR EUCH SO?
WENN DER HERR EUCH LIEBT,
BEKOMMT IHR ALLES WIE IM SCHLAF.

homo ludens
spiele kinder
verkehr verbotswald
paragrafenpflaster
motorsingen
bremsentanz
neugiergitter
sei still
zukunft leistung noten schule
du sollst es doch besser haben als wir
stundenplan planstunden
einsam

schmerz allein
homo ludens
spiele kinder

KINDER SIND EIN GESCHENK DES HERRN.
MIT IHNEN BELOHNT ER UNSERE TREUE.

ecce homo
sieh ein mensch
reißen treten foltern
stiller schrei
zellen flure ketten kammern
ein rest weg
galgen schuß ein schlag und kreuz
ein tod steht auf
klagt an
liebe ohnmacht hände offen
schmerz der hoffnung
ecce homo
sieh ein mensch

EIN KIND WURDE UNS GEBOREN.
EIN SOHN WURDE UNS GESCHENKT.
IHM HAT GOTT DIE HERRSCHAFT ÜBERTRAGEN.
ER HEISST:
WEISER RAT,
STARKER GOTT,
EWIG VATER,
SCHALOM REGIERT.

Jo Krummacher

2.4 Winterpsalm

Dein Name
ist gefallen
Dein Name
fällt

Und ist kein
anderer Name
auf den sich mein
weggeschnittener
Atem reimt

Und er heißt
Wunderbar Rat
Stecken und Stab
Begehbarer Weg
Eis
über meinem Bodensee

Geheiligt werde
dein zugefrorener Name

Eva Zeller

2.5 Advent

(Eine Jesaja-Meditation)

Das Volk, das in der Lichternis wandelt,
sieht schwarz, sieht schwarz.
Hochbezahlte Silberzungen
rühmen selbstgestecktes Licht.
Kein Gärtner ist da,
der das Kräutlein pflegt
gegen Sonnenfinsternis.

Nun rettet auf Dauer und im Prinzip
kein dreizehntes Monatsgehalt,
kein Stimmungsmacher, groß aufgemacht,
nicht Bildungsurlaub, hart erkämpft,
noch Weihnachtsbutter, neu verpackt.
Einseitig quillt die vergötterte Qualle
Bruttosozialprodukt.

Die deiner gedenken, Herr, oder auch nicht,
die nur im Schlaf sich zu dir drehn,
die sich von dir was träumen lassen,
oder auch nicht,
reißt du, wenn du willst, von der Herde weg,
treibst du, wenn du willst, deiner Arbeit zu,
sie werden dein Erntefeld sehen:

Das Joch, das sie belastet hat,
der Maßstab, der zum Prügel wurde,
der Stachel, der den Antrieb gab,
du hast sie zerbrochen; dein Feuer verzehrt
das Folterwerkzeug.
Denn uns ist ein Kind geboren,
dein Sohn zum Bruder gegeben.

Deine Herrschaft hast du auf seine
Schulter gelegt.
Nun tragen wir mit.

Arnim Juhre

2.6

ein kind ist uns geboren
ein sohn ist uns geschenkt
zu-frühgeburt
was nun
kinderklinik oder himmel

keine menschliche temperatur
keine frische luft
keine klimakammer

.kein brot
kein dach
nichts wohin er sein köpfchen legen könnte

ein kind ist uns geboren
ein sohn ist uns geschenkt

die geier haben ihre nester
die raubtiere ihre höhlen
die räuber ihre verstecke
die sieger ihre beute
die klugen erfolg
die tüchtigen ihren aufstieg
die diplomaten ihre lügen
die theologen ihre wahrheiten

Gott im himmel
ein kind ist uns geboren
ein sohn ist uns geschenkt

wie das ausgehen soll, weiß der himmel.

Uwe Seidel

⁴⁶ *Und Maria sprach:*
  Meine Seele erhebt den Herrn,
⁴⁷ *und mein Geist „frohlockt*
    über Gott, meinen Heiland",
⁴⁸ *daß er „hingesehen hat*
    auf die Niedrigkeit seiner Magd";
  denn siehe, von jetzt an werden mich
    seligpreisen alle Geschlechter.
⁴⁹ *Denn Großes hat mir der Mächtige getan,*
  und „heilig ist sein Name",
⁵⁰ *und „seine Barmherzigkeit währt*
    von Geschlecht zu Geschlecht
    über die, welche ihn fürchten".
⁵¹ *Er hat Macht geübt mit seinem Arm;*
  „er hat zerstreut, die hochmütig sind"
    in ihres Herzens Sinn;
⁵² *er hat Gewaltige*
    von den Thronen gestoßen
  und Niedrige erhöht.
⁵³ *„Hungrige hat er mit Gütern erfüllt"*
  und Reiche leer hinweggeschickt.
⁵⁴ *Er hat sich Israels, seines Knechtes,*
    angenommen,
  zu gedenken der Barmherzigkeit,
⁵⁵ *wie er geredet hat zu unsern Vätern,*
    gegenüber Abraham und seiner
    Nachkommenschaft in Ewigkeit.

Lukas 1,46–55

2.7 Magnifikat

Meine Seele preist die Größe des Herrn.
Mein ganzes Sein sehnt sich nach seiner Liebe.
In Geburtswehen schreit das All nach ihm,
und mein Herz tanzt freudig vor ihm –
wie die bunten Flammen eines Osterfeuers.
Sein Zelt hat er aufgeschlagen mitten in meinem Leben.
Fortan werden alle mir sagen:
„Dir kann nichts mehr Schaden antun,
deine Hände sind stark wie ein Krieger,
und dein Gesicht lädt die Sonne zur Vermählung ein."
Der gewaltige Gott hat an mir und durch mich
Dinge getan, die die Bedeutung der Worte übersteigen.
Nur die Liebe vermag sie zu sagen, so unbegreiflich sie auch
    sind.
Der Name des Herrn ist heilig,
er lautet Maria, Severino und José.
Die Natur erstrahlt von seiner Schönheit.
Seine Güte erweist sich in der Geschichte
und spiegelt sich in jedem Akt der Gerechtigkeit.
Aus streckt er seine starke Hand und
macht zunichte die Pläne der Stolzen,
wie jemand, der über den drohenden Tod lacht.
Diktatoren entthront er mit ihrer Macht
und erhöht die Klassen des armen Volkes.
Die Geschichte befreit er von ihren Zuhältern.
Die Güter der Erde gibt er denen, die sie erzeugen,
und verjagt die Reichen, wie diese die Armen vertrieben haben.
Alle mißt er mit gleichem Maß
und erfüllt den Vertrag, den er in Jesus Christus geschlossen.
Mit seinem Volk und seiner Kirche ist er auf dem Weg,
solidarisch mit jedem Wanderarbeiter unterwegs zum ewigen
    Reich.
Der Herr erweist seine Treue
– von Abraham bis auf den heutigen Tag –
allen, die gegen alle Hoffnung noch immer hoffen.

Frei Betto

Paul Woei, Madonna

2.9 und maria

1
und maria sang
ihrem ungeborenen sohn:
meine seele erhebt den herrn
ich juble zu gott meinem befreier
ich: eine unbedeutende frau –
aber glücklich werden mich preisen
die leute von jetzt an
denn großes hat gott an mir getan –
sein name ist heilig
und grenzenlos sein erbarmen
zu allen denen es ernst ist mit ihm –
er braucht seine macht
um die pläne der machthaber fortzufegen
er stürzt die hohen vom sitz
und hebt die unterdrückten empor
er macht die hungrigen reich
und schickt die reichen hungrig weg

2
und maria konnte kaum lesen
und maria konnte kaum schreiben
und maria durfte nicht singen
noch reden im bethaus der juden
wo die männer dem mann-gott dienen

dafür aber sang sie
ihrem ältesten sohn
dafür aber sang sie
den töchtern den anderen söhnen
von der großen gnade und ihrem

heiligen umsturz

3
dennoch
erschrak sie
am tage
da jesus die werkstatt
und ihre familie verließ
um im namen gottes
und mit dem feuer
des täufers
ihren gesang
zu leben

4
und dann
ach dann
bestätigten sich
alle ängste
aufs schlimmste:
versteinert stand sie
und sprachlos
als jesus
am galgen
vergeblich
nach gott schrie

5
später viel später
blickte maria
ratlos von den altären
auf die sie
gestellt worden war

und sie glaubte
an eine verwechslung
als sie
– die vielfache mutter –
zur jungfrau
hochgelobt wurde

und sie bangte
um ihren verstand
als immer mehr leute
auf die knie fielen
vor ihr
und angst
zerpreßte ihr herz
je inniger sie
– eine machtlose frau –
angefleht wurde
um hilfe um wunder

am tiefsten
verstörte sie aber
der blasphemische kniefall
von potentaten und schergen
gegen die sie doch einst
gesungen hatte voll hoffnung

6
und maria trat
    aus ihren bildern
und kletterte
    von ihren altären herab
und sie wurde
    das mädchen courage
    die heilig kecke jeanne
        d'arc

und sie war
    seraphina vom freien geist
    rebellin gegen männermacht und hierarchie
und sie bot
    in käthe der kräutermuhme
    aufständischen bauern ein versteck
und sie wurde
    millionenfach als hexe
    zur ehre des gottesgötzen verbrannt
und sie war
    die kleine therese
    aber rosa luxemburg auch
und sie war
    simone weil „la vierge rouge"
    und zeugin des absoluten
und sie wurde
    zur madonna leone die nackt
    auf dem löwen für ihre indios reitet –
und sie war und sie ist
    vielleibig vielstimmig
    die subversive hoffnung
    ihres gesangs

Kurt Marti

2.10

Es steht geschrieben, daß Maria sagte:
meine seele erhebt den herren
und mein geist freut sich gottes meines heilands
denn er hat die niedrigkeit seiner magd angesehen
siehe von nun an werden mich seligpreisen
alle kindeskinder.

Heute sagen wir das so:
meine seele sieht das land der freiheit
und mein geist wird
aus der verängstigung herauskommen
die leeren gesichter der frauen
werden mit leben erfüllt
und wir werden menschen werden
von generationen vor uns, den geopferten, erwartet.

Es steht geschrieben, daß Maria sagte:
denn er hat große dinge an mir getan,
der da mächtig ist
und dessen namen heilig ist
und seine barmherzigkeit währt
von geschlecht zu geschlecht.

Heute sagen wir das so:
die große veränderung
die an uns durch uns geschieht
wird mit allen geschehen – oder sie bleibt aus
barmherzigkeit wird geübt werden,
wenn die abhängigen
das vertane leben aufgeben können
und lernen selber zu leben.

Es steht geschrieben, daß Maria sagte:
er übt macht mit seinem arm
und zerstreut die hochmütigen
er stößt die gewaltigen von ihren thronen
und die getretenen richtet er auf.

Heute sagen wir das so:
wir werden unsere besitzer enteignen
und über die
die das weibliche wesen kennen
werden wir zu lachen kriegen
die herrschaft der männchen über die weibchen
wird ein ende nehmen
aus objekten werden subjekte werden
sie gewinnen ihr eigenes besseres recht.

Es steht geschrieben, daß Maria sagte:
hungrige hat er mit gütern gefüllt
und die reichen leer hinweggeschickt
er denkt der barmherzigkeit und hat sich
israels seines knechts angenommen.

Heute sagen wir das so:
frauen werden zum Mond fahren
und in den parlamenten entscheiden
ihre wünsche nach selbstbestimmung
werden in erfüllung gehen
und die sucht nach herrschaft wird leer bleiben
ihre ängste werden gegenstandslos werden
und die ausbeutung ein ende haben.

Dorothee Sölle

¹Tröstet, tröstet mein Volk! spricht euer Gott. ²Redet Jerusalem zu Herzen und rufet ihr zu, daß ihr Frondienst vollendet, daß ihre Schuld bezahlt ist; denn sie hat von der Hand des Herrn Zwiefältiges empfangen um all ihrer Sünden willen. ³Horch, es ruft: In der Wüste bahnet den Weg des Herrn; machet in der Steppe eine gerade Straße unserm Gott! ⁴Jedes Tal soll sich heben, und jeder Berg und Hügel soll sich senken, und das Höckerige soll zur Ebene werden und die Höhen zum Talgrund, ⁵daß die Herrlichkeit des Herrn sich offenbare und alles Fleisch es sehe zumal; denn der Mund des Herrn hat es geredet.

Jesaja 40,1–5

2.11 Jesaja heute

Eine Stimme steht auf
in den Wohlstands-Öden.
Sie erhebt sich
in Wüsten der Ichsucht,
in steinigen Feldern
der Gleichgültigkeit.
Eine Stimme steht auf
und ruft:
Baut eine Straße
der Menschlichkeit!
Baut eine Straße zu Gott!
Jeder Fels des Hochmuts
soll abgetragen,
jeder Berg der Habgier
geebnet werden.

Jede Grube des Hasses
soll zugeschüttet,
jedes Schlagloch
der Willkür
ausgefüllt werden.

Eine Stimme steht auf
in den Dschungeln der Macht.
Sie erhebt sich
in Sümpfen der Gewalt,
in Kratern
der Unmenschlichkeit.
Eine Stimme steht auf
und ruft:
Baut eine Straße
der Brüderlichkeit!
Baut eine Straße zu Gott!
Jede Sperre der Freiheit
soll weggeräumt,
jeder Wall der Vorrechte
abgebaut werden.
Jeder Stacheldraht
soll entflochten,
jedes Todeswerkzeug
entmachtet werden.

Eine Stimme steht auf
und ruft:
Baut eine Straße des Friedens!
Baut eine Straße zu Gott.

Christa Peikert-Flaspöhler

2.12 Hoffnung meines Volkes

Gute Nachricht für mein Volk!
Wer hören will, der höre,
wer sehen will, der sehe,
was in einem Volk geschieht,
das wach zu werden nun beginnt,
was in einem Volk geschieht,
das nunmehr auf den Weg sich macht.

Fallen wird, wer bisher andre unterdrückte.
Hoffnung meines Volkes!
Fallen wird, wer bisher von fremdem Schweiße lebte,
ohne Schweiß auf der eignen Stirn.

Fallen wird, wer bisher Gewalt gesät.
Hoffnung meines Volkes!
Und mein Volk wird sich erheben,
wie die Sonne über grüner Saat.

Alle Krümmung wird begradigt,
aller Schmerz ein Ende finden.
Lang genug hast du gewartet,
deine Stund', mein Volk, ist da.

Liebes Volk, in deiner Mitte
lebt verborgen unser Gott.
Und mit göttlichem Vermögen
hat er aufgerichtet deinen müden Blick.

Bald nun wird ein neuer Tag anbrechen,
und die Äcker grünen immerzu.
Neue Menschen werden dann entstehen,
neue Züge wird die Erde tragen.

Und mit donnergleichen Stimmen
werden Schweigende dann reden.
Über ihre geistbelebten Lieder
freut sich Gott dann für und für.

Lied aus den peruanischen Basisgemeinden

¹Es begab sich aber in jenen Tagen, daß vom Kaiser Augustus ein Befehl erging, daß der ganze Erdkreis sich einschätzen lassen sollte. ² Diese Schatzung war die erste und geschah, als Quirinius Statthalter in Syrien war. ³ Und es machten sich alle auf, um sich einschätzen zu lassen, ein jeder in seine Stadt. ⁴ Aber auch Joseph ging von Galiläa aus der Stadt Nazareth hinauf nach Judäa in die Stadt Davids, welche Bethlehem heißt, weil er aus dem Hause und Geschlechte Davids war, ⁵ um sich mit Maria, seiner Verlobten, die schwanger war, einschätzen zu lassen. ⁶ Es begab sich aber, während sie dort waren, da vollendeten sich die Tage, daß sie gebären sollte. ⁷ Und sie gebar ihren ersten Sohn und wickelte ihn in Windeln und legte ihn in eine Krippe, weil sie in der Herberge keinen Platz fanden.

⁸ Und es waren Hirten in derselben Gegend auf dem Felde, die hielten Nachtwache über ihre Herde. ⁹ Da trat ein Engel des Herrn zu ihnen, und Lichtglanz des Herrn umleuchtete sie, und sie fürchteten sich sehr. ¹⁰ Und der Engel sprach zu ihnen: Fürchtet euch nicht! Denn siehe, ich verkündige euch große Freude, die allem Volke widerfahren wird; ¹¹ denn euch ist heute der Heiland geboren, welcher der Christus ist, der Herr, in der Stadt Davids. ¹² Und das sei euch das Zeichen: Ihr werdet ein Kind finden, in Windeln gewickelt und in einer Krippe liegend. ¹³ Und auf einmal war bei dem Engel die Menge des himmlischen Heeres, die lobten Gott und sprachen:
¹⁴ Ehre sei Gott in den Höhen
   und Friede auf Erden
   unter den Menschen, an denen Gott Wohlgefallen hat.
¹⁵ Und es begab sich, als die Engel von ihnen gen Himmel gefahren waren, da sprachen die Hirten zueinander: Lasset uns doch nach Bethlehem hingehen und diese

Sache sehen, die geschehen ist und die der Herr uns kundgetan hat. [16] *Und sie gingen eilends und fanden Maria und Joseph, und das Kind in der Krippe liegend.* [17] *Als sie es aber gesehen hatten, machten sie das Wort kund, das ihnen über dieses Kind gesagt worden war.* [18] *Und alle, die es hörten, verwunderten sich über das, was ihnen von den Hirten gesagt wurde.* [19] *Maria aber behielt alle diese Worte und erwog sie in ihrem Herzen.* [20] *Und die Hirten kehrten zurück und priesen und lobten Gott für alles, was sie gehört und gesehen hatten, wie es ihnen gesagt worden war.*

Lukas 2,1–20

2.13 weihnacht

damals

als gott
im schrei der geburt
die gottesbilder zerschlug

und

zwischen marias schenkeln
runzelig rot
das kind lag

Kurt Marti

2.14 der ochse spricht

ich
bin ein ochse
kein stier
daß ihr es wißt
stiere sind nicht an der krippe
ihres herrn
die rennen unwiderstehlich
ihrem trieb nach
ich bin ausrangiert
aus diesem vielgepriesenen trieb
auf ein nebengeleis bin ich
geschoben von der
planung der menschen
komisch
ist das immer so auf nebengeleisen
da ist mir doch hier
das schönste widerfahren

kaum zu glauben
das schönste was es gibt
meine so gesellschaftsfähigen brüder
die herren stiere
rennen hinter sich selbst her
und holen sich nie ein
ich bin bei mir angekommen
menschwerdung

der esel spricht

ich esel
sie sagen alle
du bist kein denker
ach ja bin ich auch nicht
ich lobe dich gott
daß du mich nicht auf dieses rasende
karussell gesetzt hast
rasend schnell geht das
aber vorwärts kommt
man keinen millimeter
nie kommt man da heraus
denker sind für außerordentliches
rettungslos verloren
gewöhnlich
ich bin ein esel darum bin ich hier
es gibt also doch noch was besseres
als bloß schlau sein
das schönste ist
hier sein
was will ich mehr
ich bin ein esel
habe lange ohren
und habe diese meine antenne wohl
auf richtiger wellenlänge stehn
das wort das ich höre ist klar
wenn auch eine armeleutestimme
wort ist fleisch geworden
das vom anfang

Wilhelm Willms

2.15

Käthe Kollwitz, 1897, Zyklus „Ein Weberaufstand", Blatt 1

2.16 Mary

Die Nacht war kalt und sternenklar. An der Anlegestelle der Fährdampfer an der Südspitze der steinernen Insel Manhattan stauten
sich die schmutzigen Eisschollen, und am Horizont ragten die
glitzernden Wolkenkratzer auf wie ein Gebiß, das am seidigen
Schwarz des Himmels nagt.

Auf dem letzten Fährdampfer nach Ellis Island – jener kleinen
Gefängnisinsel im Hafen von New York, wo die des Landes Verwie-
senen eingesperrt werden – befanden sich an diesem Heiligabend nur
wenige Passagiere. Einer von ihnen war ein ältlicher, graubärtiger
Mann in einem zerschlissenen Kaftan und mit Schuhen, die einst
bessere Zeiten gesehen hatten. Sein Gesicht war sorgendurchfurcht,
und er murmelte etwas, vielleicht Gebete, vielleicht Flüche – jeden-
falls blieb, was er sagte, dem Einwanderungsbeamten neben ihm
unverständlich. In Begleitung des Mannes war eine junge, hoch-
schwangere Frau, deren große, traurige Augen ins Leere starrten.

„He, Joe!" sagte der Beamte.

Der Mann zuckte zusammen.

„Macht euch fertig, du und deine Tochter. Wir sind gleich da!" sagte
der Mann. Der Beamte betrachtete die Schwellung unter dem
dünnen Mantel Marys. Er schien zu grinsen. „Na wenn schon!"
sagte er.

„Herrgott noch mal!" schimpfte der Schreiber in der Kanzlei von
Ellis Island. „Nicht mal am Heiligabend hat man seine Ruhe. Dabei
wartet meine Frau schon auf mich mit dem Essen. Ihr hättet das Pack
auch noch drüben behalten können, wenigstens bis nach den Feierta-
gen! Außerdem sind wir hier überfüllt, jede Zelle ist doppelt belegt,
nichts wie Rote und Ausländer. Manchmal denk ich schon, die
ganzen Vereinigten Staaten sind nur noch von Roten und Ausländern
bevölkert. Wo soll ich hin mit dem Zuwachs?" Der Beamte, der den
Zuwachs gebracht hatte, zuckte die Achseln. „Geht mich doch
nichts an. Unterschreib die Quittung hier, das ist alles. Ich muß
zurück nach New York mit dem Fährdampfer; meine Familie wartet
auch. So eine elende Kälte!"

„Also", sagte der Schreiber, „für heute werde ich sie in die Garage
stecken; die ist auch verschließbar. Morgen wird man weiter-
sehen."

„Ist die Garage geheizt?" fragte der Beamte.

„Nein", sagte der Schreiber.

Der Beamte zog die Brauen hoch und blickte einen Moment lang auf den Mann und die zarte Frau, die in der Ecke des Büros warteten.

„Hätte nicht streiken sollen, der Alte", sagte er schließlich. „Dann brauchte er jetzt nicht zu frieren."

„Die Garage ist noch viel zu gut für dieses rote Gesindel", sagte der Schreiber.

Der Mann mit dem Bart, den der Einwanderungsbeamte Joe genannt hatte, kam plötzlich auf ihn zu, stürzte vor ihm auf die Knie, und seine mageren Hände verkrallten sich in dem flauschigen Uniformmantel.

„Geben Sie uns wenigstens etwas Stroh!" bat er mit halberstickter Stimme. „Sie sehen doch – meine Frau wird bald –"

„Na, weil du's bist, Joe", sagte der Beamte; und zu dem Schreiber: „Gib ihm schon 'ne Matratze und paar Decken mit." Und beeindruckt von seiner eigenen Großzügigkeit, ging er zu der Frau, hob mit zwei Fingern ihr Kinn, sah ihr ins Gesicht und sagte: „tsk, tsk, heute muß man sich's gut überlegen, bevor man Kinder kriegt . . ."

Die Garagentür, die fest verschlossen war, knarrte in den Angeln. Joseph blickte auf, eine große Helligkeit verbreitete sich auf einmal. Jemand hatte die Bogenlampe, die hoch unter dem Dach hing, angeknipst. Im Licht dieser Lampe erblickte Joseph drei Männer, Arbeiter offensichtlich. Sie schienen unschlüssig zu zögern.

Dann hörte der eine, der ein westindischer Neger war, das leise Wimmern von der Matratze her, und seine sanften, dunklen Augen hefteten sich auf die in Decken gehüllte Gestalt der Frau. „Dort", sagte er.

Die anderen beiden nickten. Einer war ein hochgewachsener, breitschultriger Pole mit hervortretenden Backenknochen und einem gutmütigen, gerne lächelnden Mund. Der andere war klein und zierlich und hatte mandelförmige Augen, die blinzelten fröhlich. Er war in Amerika geboren, aber sein Vater war aus der Provinz Hunan in China gekommen.

„Wir haben den Stern gesehen", sagte der Pole.

„Welchen Stern?" fragte Joseph.

„Nun, man weiß doch – den Stern, der die Geburt des Kindes anzeigt . . ."

Joseph wußte wirklich nicht, aber er war viel zu verschüchtert, um weitere Fragen zu stellen.

„Wir bringen Geschenke", sagte der Chinese.

Der Neger erklärte: „Drüben in der Baracke haben wir gehört, daß ihr gekommen seid, und daß deine Frau –"

Das Kind schrie kräftig auf.

„Ein Junge?" fragte der Chinese.

Joseph nickte.

„Lungen hat der!" sagte der Pole. „Donnerwetter! Der wird tüchtig wachsen und Muskeln haben und denen noch zu schaffen machen, den großen Herren!..."

Der Neger stieß ihn an. „Die Geschenke!" flüsterte er.

„Ach ja", sagte der Chinese. „Also, wir haben eine Sammlung in der Baracke gemacht. Gold bringen wir zwar nicht, und auch keine Myrrhen."

Er breitete die Schätze vor Mary aus, die Schätze der Armen, die von dem wenigen, was sie haben, geben: ein paar Tücher, als Windeln verwertbar, ein bereits abgetragenes wollenes Kinderkleidchen; eine blauweißkarierte, weiche Decke, um den Kleinen warm einzuwikkeln, und eine Klapper, damit er auch etwas zum Spielen habe. Und schließlich ein paar Dollar.

„Können wir ihn mal sehen?" fragte der Pole.

Mary lüftete einen Zipfel der Decke. Das Kind schlief.

Die drei blickten es an. „Wie soll er heißen?" fragte der Pole nach einer Weile.

„Joshua", sagte Joseph. „Und Zimmermann soll er werden."

„Warum Zimmermann?" fragte der Neger.

„Das ist doch klar", sagte der Chinese. „Zimmerleute braucht man zum Bauen, und Bauen braucht man zum Frieden."

„Ja", sagte der Pole, der religiös war. „Jesus war auch gelernter Zimmermann, und man nannte ihn den Fürsten des Friedens. Jetzt müssen wir aber gehen. Die Polizei darf nicht wissen, daß wir hier waren."

Sie gingen und schlossen die Garagentür. Mary wiegte ihr Kind.

Stefan Heym

Die Geschichte stammt aus dem Jahr 1954. Das Lager „Ellis Island" ist seither aufgelöst und existiert inzwischen nicht mehr.

2.17 Das Kind von Bethlehem

Wickelt
das Kind aus
es blutet ja
die Windeln
sind blutig
und
das Stroh
ihr habt ihm
Schaftstiefel
angezogen
Stahlhelm
und Patronengürtel
aber
es konnte Waffen
nicht brauchen
es wollte euch
Frieden bringen
aber
ihr habt es
nach
Buchenwald
geschickt
nackt
unter Wölfe
holt es
zurück
wickelt es
aus den blutigen
Windeln
es bringt euch
den
verheißenen Shalom

Charlotte Schmitthenner

2.18 Krippenidylle

Um dich zu grüßen,
bleiben wir
an der Schwelle.
Aus gesichertem Abstand
lassen sich Armut und Liebe
betrachten
ohne Antwort zu fordern.

Schön
liegt das schlafende Kind
in der Krippe!
Lieblich
neigt sich Maria,
junge jüdische Mutter,
dem Sohne.

Von der Vertreibung
aus unserer Mitte,
von der Verachtung
des Herrn in den Armen,
von der tödlichen Kälte
der Einsamkeit
jenseits der Schwelle
spüren wir
nichts.

Christa Peikert-Flaspöhler

Azariah Mbatha, Weihnachtsbild

2.20 Die Gute Nacht

Der Tag, vor dem der große Christ
Zur Welt geboren worden ist
War hart und wüst und ohne Vernunft.
Seine Eltern, ohne Unterkunft
Fürchteten sich vor seiner Geburt
Die gegen Abend erwartet wurd.
Denn seine Geburt fiel in die kalte Zeit.
Aber sie verlief zur Zufriedenheit.
Der Stall, den sie doch noch gefunden hatten
War warm und mit Moos zwischen seinen Latten
Und mit Kreide war auf die Tür gemalt
Daß der Stall bewohnt war und bezahlt.
So wurde es doch noch eine gute Nacht
Auch das Heu war wärmer, als sie gedacht.
Ochs und Esel waren dabei
Damit alles in der Ordnung sei.
Eine Krippe gab einen kleinen Tisch
Und der Hausknecht brachte ihnen heimlich einen Fisch.
(Denn es mußte bei der Geburt des großen Christ
Alles heimlich gehen und mit List.)
Doch der Fisch war ausgezeichnet und reichte durchaus
Und Maria lachte ihren Mann wegen seiner Besorgnis aus
Denn am Abend legte sich sogar der Wind
Und war nicht mehr so kalt, wie die Winde sonst sind.
Aber bei Nacht war er fast wie ein Föhn.
Und der Stall war warm und das Kind war sehr schön.
Und es fehlte schon fast gar nichts mehr.
Da kamen auch noch die Dreikönig daher!
Maria und Joseph waren zufrieden sehr.
Sie legten sich sehr zufrieden zum Ruhn
Mehr konnte die Welt für den Christ nicht tun.

Bertolt Brecht

2.21 ‚Et in terra pax'

Überlieferte Wörter
infolge Abnutzung
unbrauchbar geworden . . .

Bis einer kommt
und sie zu
neuem Leben
erweckt.

‚Seht nur, seht!' rufen die
Leute jetzt und staunen:
‚Seht die totgeglaubten Wörter!
Man hat sie begraben
aber sie haben bloß geschlafen.

Seht doch, wie sie laufen!
Seht, wie sie Schritt halten
mit der Zeit und
immer wieder, mit
JEDER ZEIT.'

Franz Fassbind

2.22 Wenn das Vollkommene kommt

Die Hirten auf dem Feld der Arbeit,
bei den Hürden der Fabriken,
hörten die Botschaft wie von fern:
Ehre sei Gott nicht nur in der Höhe.
Und sie wanderten los, nichts konnte sie halten,
und sie sangen im Gehen:

Wenn das Vollkommene kommt,
laß fahren das Unvollkommene,
wenn Unbegreifliches einleuchtet,
laß fahren das allzu Begreifliche,
laß fahren, was dein war.

Die Opfer auf dem Feld der Fehden,
bei den Hürden zwischen den Friedensfronten,
hörten die Botschaft durch Kriegslärm hindurch.
Und die Hungernden zu Füßen der Brotherren,
sie wanderten los, nichts konnte sie halten,
und sie sangen im Gehen:

Wenn das Vollkommene kommt,
laß fahren das Unvollkommene,
wenn Unbegreifliches einleuchtet,
laß fahren das allzu Begreifliche,
laß fahren, was dein war.

Die Kranken auf dem Feld der Leiden,
vor den Hürden der Behörden,
hörten die Botschaft, jeder für sich.
Und die Krüppel und die Lebensmüden,
sie wanderten los, nichts konnte sie halten,
und sie sangen im Gehen:

Wenn das Vollkommene kommt,
laß fahren das Unvollkommene,
wenn Unbegreifliches einleuchtet,
laß fahren das allzu Begreifliche,
laß fahren, was dein war.

Arnim Juhre

2.23 Quem pastores

Ohne Engel
erreichten sie Maria und Josef
und das Kind
Fröhliche Weihnachten
sagten sie nicht
Aber alles was sie erlebten
erzählten sie unterwegs
den staunenden Leuten und redeten
mit Engelszungen

Kurt Wolff

2.24

Wilhelm Morgner, Verkündigung an die Hirten

2.25 Krippensermon für unsere Zeit

Behängt nur die Ställe mit Flitter!
Die Wahrheit ist glanzlos:
fauliges Stroh, ein Brettertrog,
tränendurchfeuchtet,
Ochs und Esel würden ihr Futter
daraus verschmähn.

Wachsam sitzen die Hirten am Grill,
es brutzelt die Nacht vom Geflügel.
Herodes kaut einen Zimtstern,
die Weisen sehn fern und schicken
Whisky nach Bethlehem.

Christine Busta

2.26 Als ob die Hirten einen anderen Herrn hätten

Mächtiger, gefürchteter und geliebter Ben Charub!
Die drei Drachmen Pachtzins überbringt Dir hiermit wie
alljährlich um diese Zeit als Bote mein begabter Neffe Lom.
Für diesmal aber habe ich Dir zum Geld einen Brief beilegen
müssen. Einen Brief, den ich unserem Schriftkundigen Echail
aufgesagt habe, wobei ich ihn um mögliche Kürze bat, da er
sich jedes einzelne Wort bezahlen läßt – der Schlaufuchs, und
dabei von sich aus oft ins Blumenreiche gerät.
Großer Ben Charub: Auf Deinem Grundstück und in dem
Stall, den Deine Güte und Menschlichkeit mir zur Pacht
überlassen haben, ist Ungewöhnliches geschehen. Ich möchte
Dich gleich bitten, erhabener Eigentümer, die Ursachen dieser

Geschehnisse nicht bei mir zu suchen. Ich bin nur ein demütiger Pächter und habe schon Mühe, mich in meiner Familie und meinem Hauswesen durchzusetzen – Du kennst mein Weib Rachel! – und besitze nicht einmal einen Abglanz von der Stärke unseres unvergleichlichen Kaisers Augustus, der jüngst die Volkszählung anordnete.

Mit dieser Volkszählung begann alles, was unseren Ort, Dein Grundstück und Deinen Stall in Mitleidenschaft gezogen hat. Es kamen Scharen von Auswärtigen hierher. Wenige Bekannte nur darunter. Die meisten waren wildfremd. Auch als ihre Namen schon in das Register geschrieben waren, blieben viele noch mehrere Tage und Nächte hier. Die Menschenmengen brachten Unruhe in unsere Gassen und schreckten auch nicht vor den Schwellen unserer Häuser zurück, wenn sie Speise oder eine Schlafstatt wollten. Manche beriefen sich auf verwandtschaftliche Bande, an die sich bei uns aber kaum jemand erinnern konnte.

Zu mir kam zum Beispiel ein gewisser Joseph, der behauptete, vor vierzig Jahren in meinem Haus geboren und ein Vetter von mir zu sein. Das mochte stimmen – oder auch nicht. Im Gesicht konnte ich eine Familienähnlichkeit nicht ausmachen. Nun sah der Mann etwas struppig, aber sonst harmlos aus. Er hatte ein junges Mädchen bei sich, das ein Kind erwartete. Ich wollte den Mann und die Frau nach einigem Zögern einlassen, als Rachel mich von hinten anstieß und mir zuflüsterte, daß die beiden uns Scherereien ins Haus bringen würden: Aufregung, Arbeit und Lauferei.

Und da Rachel in solchen Dingen und allen anderen recht hat, mußte ich bedauernd die Schultern heben und die Tür langsam wieder zumachen und fest verriegeln.

Und dieser Joseph und seine Frau müssen es gewesen sein, die ohne Erlaubnis Deinen Stall aufgesucht und sich für einige Wochen darin eingerichtet haben. Und die Frau hat dort ihr Kind zur Welt gebracht.

Wie gesagt, von mir aus hatte die Familie für nichts eine Erlaubnis. Aber wer fragt heute schon groß nach der Erlaubnis eines Eigentümers, geschweige denn eines Pächters!? Mit einem Wort: Es waren Stallbesetzer!

Nun haben Joseph und seine Frau mit dem Kind den Stall im ganzen recht ordentlich gehalten, manches sah sogar besser als vorher aus. Die Tür war instand gesetzt und vier eingeknickte Dachsparren waren säuberlich geflickt; der Mann muß handwerkliches Geschick haben. Aber dafür fehlte einiges an Futtergetreide und auch ein paar Strohgarben waren zerlegen und zu Häcksel gedrückt.

Dieses Paar und das Kind haben offenbar viele Besucher gehabt, ganze Volksscharen von Besuchern. Der Vorplatz am Eingang zum Stall ist arg zertrampelt und mehrere Feuerstellen haben das Gras bis zur Wurzel versengt. Das dauert Jahre, bis da was nachwächst! Von der Handelsstraße bis zu Deinem Stall ist ein richtiger Weg entstanden, was für uns unangenehm ist, da jetzt manche Reisenden irregeführt werden und den neuen Pfad entlangwandern in der Hoffnung, auf eine Karawanserei zu stoßen.

Doch das Schlimmste sind nicht diese äußeren Veränderungen. Da ist in den Dingen selbst etwas anders geworden: Im Holz, in den Halmen, im Boden, in den Tieren – ja, und in den Menschen, Ben Charub, Du Kenner der Menschen und ihrer Eigenarten.

Als ich im Stall und auf dem Feld nach dem Rechten sah und die Hirten über die Vorgänge zur Rede stellte, kümmerten sich diese Männer kaum um mich. Sie ließen den früheren angenehmen Gehorsam vermissen. Sie blickten durch mich hindurch und sahen aus, als ob sie nicht mehr Deine Bediensteten, sondern anderweitig Beschäftigte wären. Ich kann es nicht richtig erklären. Vielleicht doch: Die Hirten sahen aus, als ob sie einen anderen Herrn angenommen hätten.

Und da müßtest Du, edler und weiser Ben Charub, als rechtmäßiger Eigentümer dieser Gegend und ihrer Menschen doch etwas unternehmen, um den gewohnten Zustand wiederherzustellen!

Noch eins: Das Paar und das Kind sind schon seit einigen

Tagen wieder fort. Die Familie ist plötzlich aufgebrochen und soll bei Nacht über die Grenze geflohen sein.

Seit der Flucht dieses Joseph, seiner Frau und dem Kind fehlt auch mein Esel Guman, den ich in Deinem Stall stehen hatte. Aber ein Hirtenjunge brachte mir ein daumennagelgroßes Goldstück und eine Nachricht von dieser flüchtigen Familie: Sie habe den Esel dringend gebraucht und hier sei die Bezahlung. Ein Goldstück, Ben Charub, das offenbar aus einem größeren Barren dieses kostbaren Metalls herausgebrochen war.

Nun, der Kaufpreis war reichlich und ich habe mir von dem Goldstück ein stärkeres Tragtier als meinen Guman anschaffen können, der schon dürr und klapprig wurde. Und zwei Geschirre und einen festen Karren für die Feldfrüchte dazu. Und es blieb noch was übrig. Darum können wir diese Angelegenheit mit dem fehlenden Esel großmütig vergessen.

Nur das mit den veränderten Menschen, edler Ben Charub, das solltest Du hier auf Deinem Grund und Boden prüfen.

Ich sehe Deiner Ankunft mit Ehrerbietung entgegen und bin bis dahin

Dein dankbarer und besorgter Pächter

Ibrahim.

Josef Reding

2.27 Weihnachten

Und in diesen Tagen machte sich Maria Carolina de Jesus aus Sacramento auf den Weg in die Stadt São Paulo in Brasilien, obwohl sie schwanger war; denn sie hoffte, dort Nahrung und Unterkunft zu finden. Und als sie daselbst war, kam die Zeit, daß sie gebären sollte. Und sie gebar ihren ersten Sohn, wickelte ihn in Zeitungspapier und legte ihn in einen alten Seifenkarton, denn man hatte keinen Platz für sie in den Krankenhäusern von São Paulo.

Und in dieser Gegend, in der Welt des Gesetzes, voll mit Kriegen und Konflikten, in der dunklen Nacht von Entwürdigung und Hunger, waren Christen auf der Wacht. Und die Klarheit des Herrn umleuchtete sie, und sie begannen, in der Finsternis zu unterscheiden zwischen dem, was wesentlich war und dem Unwichtigen. Sie begannen, an ihrem eigenen Wert zu zweifeln und an den Worten, die in der Welt Geltung haben. Und sie fürchteten sich sehr.

Aber ein Freund sagte zu ihnen: „Fürchtet euch nicht, denn siehe, ich verkündige euch große Freude, die allen widerfahren wird, die in die Gesetze dieser Welt verstrickt sind. Denn euch ist heute der Befreier geboren. An welchen Zeichen werdet ihr ihn erkennen? Im Zentralkomitee der kommunistischen Partei werdet ihr einen Mann finden, der die Wahrheit zu sagen wagt. Ihr werdet einem Arbeiterpriester begegnen, der das reine Evangelium lebt.

Und ihr werdet einen verfolgten Neger treffen, der für seine Peiniger betet, einen Wirtschaftsfachmann, der keine Scheu hat, die wahren Ursachen des Hungers in der Welt zu suchen. Ihr werdet einen Buddhisten sehen, der sich als ein Zeuge gegen den Krieg bei lebendigem Leib selbst verbrennt, und euch wird ein Theologe begegnen, der auf andere hört."

Und alsbald war da bei dem Freund eine Menge von Menschen guten Willens, die lobten Gott und sprachen: „Ehre sei Gott in der Höhe und Friede auf Erden unter den Menschen."

W. Hollenweger / A. v. d. Heuvel

2.28 Nehmen wir an

NEHMEN WIR AN, es geschah im Jahre 6 oder 7
vor Christus in Bethlehem unter
der Herrschaft des Cäsar Augustus –.
Nehmen wir an, die Geburt des Jesus von Nazareth
stand im Zusammenhang jener Zählung
der Steuerpflichtigen in Syrien, die
die Herrschaft des Cäsar sichern sollte, so
war dies kein gleichgültiger Zufall; denn
ein anderer sagte zur gleichen Zeit, daß
es ein Unrecht vor Gott sei, den
Cäsar als Herrn anzuerkennen.

NEHMEN WIR AN, Jesus wurde
in einer Hütte geboren, sein
erster Schrei übertönte das ruhige
Atmen des Viehs im Hintergrund und
das Rascheln des Strohs, auf dem
seine Mutter lag –,

NEHMEN WIR AN, Hirten kamen und
legten als erste die Hand auf
das Kind, ihm Heil und Segen
zu wünschen, so war es
kein Zufall; denn sie waren Männer
mit Waffen, allen Behörden verdächtig –
wie später, ohne Waffen, der
von ihnen Gesegnete.

NEHMEN WIR AN, sie kamen, weil Engel
vom Frieden auf Erden für jedermann
sangen (oder war es ein lautloses Sehnen,
ein Singen in ihnen – nur ihnen hörbar?),
so ist dies kein törichtes Märchen, von
Pfaffen erdacht, das welkende Blumen um

drückende Ketten legen soll, anstatt sie
zu zerbrechen; denn der, dem
dies Singen galt, hing später,
zum Mann geworden, am Kreuz als Rebell,
weil er das Ende der Herrschaft allen
verkündet hatte, die unter Cäsar
unfrei waren.

NEHMEN WIR AN, es kamen zum Kind auch
Magier aus dem Osten, die dem König
von einem Stern berichteten, der
wunderbarer und heller war als jener, der
früher fälschlich das Heil mit der
Geburt des Cäsar Augustus angezeigt hatte,
so ist auch dies keine Träumerei; denn
es erzählen uns jene, denen der Mann am
Kreuz als Befreier erschienen war, und
sie erzählen, weil sie diese Befreiung in
einer feindlichen Welt zu leben suchten.

NEHMEN WIR AN, die Angst jenes Königs
wandelte sich in Grausamkeit, so
ist dies bis heute nicht anders. Die Angst
der Herrschenden tötet grausam Kinder, –
sie könnten einmal – wie Jesus – die Welt
befreiend verändern. Aber das Leuchten
des Sterns kann kein Herrscher verhindern.

Wir tragen es weiter – durch unser Tun.

Hans-Werner Bartsch

2.29 Jesus kommt in einem Schuppen zur Welt

A

(1) José ging wieder zu María:

(3) Hast du etwas gefunden, José?

(2) Noch nicht, María, aber man darf die Hoffnung nicht verlieren. In den Städten leben auch Arbeiter, die so arm sind wie wir. Sie müssen leiden und vieles aushalten wie wir vom Land. Darum sollen sie uns helfen, denn wir sind Brüder im Leiden.

(3) José, sieh, dort ist ein kleiner Verschlag mit ein paar Tieren. Bestimmt gehört er einem Campesino oder Arbeiter. Warum bleiben wir nicht hier?

(2) Aber María! Wie soll unser Kind im Stall zur Welt kommen? Das geht doch nicht! Er erkältet sich, der kleine Kerl, und wir können uns keine Medizin leisten.

(3) Ich bin eine Frau, José, und kenne das bittere Leid genau wie du. Armut und Elend sind keine Schande, wenn sie nicht von Schuld oder Sünde kommen. Hinein, hier gibt es schönes, sauberes Stroh! Gib mir deinen Poncho, José, und geh, hole die Hebamme!

B

Kommt, wir sprechen miteinander

▷ Wie kommen die Kinder der Reichen zur Welt, und unter welchen Umständen werden die Kinder der Campesinos geboren?

▷ Warum wollte Gott, daß Jesus in einem Stall das Leben findet?

C

Lange bevor Jesus auf die Welt kam, war die Lage der armen Menschen auch sehr dreckig. Da schickte Gott einen Propheten, um ihnen Mut zu machen. Ihre Lage wird aber noch schlimmer. Der Prophet spricht:

Es wird auch ein Rest bleiben für unseren Gott – Wort Jahwes: Dann lagere ich mich als Wache um mein Haus gegen die Räuber. Kein Unterdrücker soll sie künftig überfallen. Von nun an will ich für euch sorgen.

Juble und singe, mein Volk, denn dein König kommt zu dir, gerecht und siegreich. Er reitet auf einem Esel, demütig ist er. Er schafft die Kampfwagen fort und die Streitrosse. Er gebietet seinen Frieden allen Völkern.

Zu dir kehren zurück die Unterdrückten, die hoffen. Mein Volk, heute sage ich dir und verheiße Erfüllung: Doppelt will ich Ersatz dir leisten, auf deine Söhne mich stützen und dich zu einem Heldenschwert machen. Ich werde mit ihnen kämpfen, und sie werden siegen. An jenem Tag wird Gott, der Herr, sein Volk retten wie eine Herde. Wie funkelnde Edelsteine werden die Söhne meines Volkes auf ihrem Land leuchten. Es wird groß und stark sein! Wie herrlich wird es sein!

nach Sacharja 9,7–17

Während des Aufenthaltes in Betlehem kam für Maria die Zeit der Entbindung. Sie brachte einen Sohn zur Welt, wickelte ihn in Windeln und legte ihn im Stall auf Stroh.

Lukas 2,6 f.

E

Lied

In den Armen einer Jungfrau
schlief ein Kindlein;
in seinem Glanz glich es
der Sonne oder einem Stern.

Wie gern möchte ich dich,
göttliches Kind, mit meinem Atem
wärmen und dir sagen,
was ich in meinem Herzen fühle.

Wenn die Welt dich vergißt
und dich ausgesetzt hat,
so will ich dich, göttliches Kind,
nie, gar nie vergessen.

Mein Kind, mein liebstes, meine Wonne,
schon schenkt' ich dir mein Herz;
oder besser: Du hast es eingenommen
mit deinem warmen Glanz.

Wir gehen mit dem Herrn

Und weiter redet Jahwe zu Achas:
„Erbitte dir ein Zeichen von Jahwe, deinem Gott!"
Achas antwortete:
„Ich will keines erbitten und Jahwe nicht versuchen."
„Höre, König, der du die Befreiung des Volkes suchen solltest
und dich sträubst, den Weg zu gehen, den dir Jahwe zeigt! Ist
es nicht genug, Menschen zu ermüden? Wollt ihr auch euren
Gott ermüden? Der Herr selbst wird euch ein Zeichen geben:
Seht, das junge Mädchen wird empfangen und einen Sohn
gebären und seinen Namen Immanuel nennen, das heißt Gott
mit uns! *Von Dickmilch und Honig wird er sich ernähren wie*
ein Armer."   nach Jesaja 7,10–15

Vamos Caminando

Henri Matisse: Madonna im Rosenhag, Wandbild in Vence

Als aber die Erfüllung der Zeit gekommen war, sandte Gott seinen Sohn, von einem Weib geboren, dem Gesetz unterworfen, damit er die dem Gesetz Unterworfenen loskaufte, auf daß wir die Annahme an Sohnes Statt erlangten.

Galater 4,4 f.

2.31

jesus
von einem mann gezeugt
von einer frau geboren
gottes antwort
unerwartet
an unscheinbarem ort
eingewickelt in tücher
schmutzig von all denen
die sie trugen vor dir
die menschen werden
nein sagen
du aber sagst
ja

Ernst Eggimann

Im Anfang war das Wort, und das Wort war bei Gott, und das Wort war Gott. ²Dieses war im Anfang bei Gott. ³Alle Dinge sind durch dasselbe geworden, und ohne das Wort ist auch nicht eines geworden, das geworden ist. ⁴In ihm war Leben, und das Leben war das Licht für die Menschen. ⁵Und das Licht scheint in der Finsternis, und die Finsternis hat es nicht angenommen.

⁶Es trat ein Mensch auf, von Gott gesandt, mit Namen Johannes. ⁷Dieser kam zum Zeugnis, um von dem Licht zu zeugen, damit alle durch ihn gläubig würden. ⁸Nicht war jener das Licht, sondern zeugen sollte er von dem Licht.

⁹Das wahre Licht, das jeden Menschen erleuchtet, kam in die Welt. ¹⁰Es war in der Welt, und die Welt ist durch ihn geworden, und die Welt erkannte ihn nicht. ¹¹Er kam in das Seine, und die Seinen nahmen ihn nicht auf. ¹²So viele ihn aber aufnahmen, denen gab er Anrecht darauf, Kinder Gottes zu werden, denen, die an seinen Namen glauben, ¹³welche nicht aus Blut noch aus Fleischeswillen noch aus Manneswillen, sondern aus Gott gezeugt sind. ¹⁴Und das Wort ward Fleisch und wohnte unter uns, und wir schauten seine Herrlichkeit, eine Herrlichkeit, wie sie der einzige [Sohn] von seinem Vater hat, voll Gnade und Wahrheit.

¹⁵Johannes zeugt von ihm und ruft: Dieser war es, von dem ich gesagt habe: „Der nach mir kommt, ist vor mir gewesen; denn er war als Erster vor mir." ¹⁶Aus seiner Fülle haben wir ja alle empfangen, und zwar Gnade um Gnade. ¹⁷Denn das Gesetz ist durch Mose gegeben worden, die Gnade und die Wahrheit ist durch Jesus Christus gekommen. ¹⁸Niemand hat Gott jemals gesehen; der einzige Sohn, der im Schoße des Vaters ist, der hat Kunde [von ihm] gebracht.   Johannes 1,1–18

2.32 Das Programm

[1-3] Von Anfang an ist unsere Welt von einem sinnverheißenden Programm bestimmt, dem alles unterliegt. Nichts was existiert, ist davon ausgenommen – auch wir nicht. Wir haben es nicht geschaffen, aber wir anerkennen es – bald bewundernd, bald erschrocken, aber immer staunend. Deshalb nennen wir es Gottes Programm – Gottes wirkendes Wort, ja einfach „Gott".

[4] In ihm ist auch der Grund für wahrhaft menschliches Leben gelegt. [5] Aber die Menschen erfaßten diese Möglichkeit nicht. Statt sich für die Überwindung von Not und Leid einzusetzen, verharrten sie in rücksichtslosem Kampf ums Dasein, in Angst und egoistischer Isolierung von einzelnen und Gruppen.

[6] In dieser Situation der Verblendung und Ausweglosigkeit trat ein Mann auf. Er hieß Johannes. [7,8] Er sollte alle zum Umdenken ermutigen. Aber auch er war nicht imstande, seinen Mitmenschen die Augen dafür zu öffnen, was ein Leben trotz allen Elends zu einem menschlichen Leben macht.

[15] Dessen war er sich selbst bewußt, und so verwies er auf den, „der nach ihm kommen sollte".

[9,14] Und er kam. Ein Mensch wie wir, lebte er unter uns, ohnmächtig und vergänglich wie wir – und doch als einzigartige Verkörperung jenes vollkommenen Menschseins, das von Anfang an als Ziel unserer Weltordnung in Aussicht gestellt war. [11,12,13] Er vermittelte es allen, die sich nicht damit begnügten, biologisch geboren zu sein und animalisch zu vegetieren, sondern die bereit waren, ein neues Leben in seinem Sinn zu beginnen. [16] Ihnen eröffnete er eine neue Sicht, eine neue Wertordnung und dadurch ein unerwartetes Glück im bewußten Zusammenleben aller.

[17] In dieser Lebensauffassung gilt nicht Wohlverhalten nach Gesetzen, wie es Mose forderte, sondern Einsicht und Liebe, wie sie uns Jesus Christus vorgelebt hat.

[18] Niemand hat Gott selbst je gesehen. Jesus hat als Einziger sein Wesen wirklich begriffen und in seinem eigenen Leben verwirklicht. Deshalb wird er sein „Sohn" genannt. Er hat uns klargemacht, was es bedeutet, „an Gott zu glauben".
Anm.: „Programm" im Sinn von Programmierung, Entwurf, vorgegebene Grundordnung, wirksamer Plan...

Rudolf Kautzky

2.33 Aber das Fleisch

ABER DAS FLEISCH
ist wort geworden
(das wort
ist vom fleisch gefallen)

und trotz konträrer
behauptungen
zuständiger
ämter
hat auch das wort
kein quartier gefunden
(ist es immer
ein fremdwort geblieben)
in unseren engen
breiten

Peter Henisch

2.34

wir wollen heute
einmal dem wort nachgehen
das da in jesus fleisch geworden ist

das wort von dem es heißt
beim evangelisten johannes

im anfang war das wort
und das wort ist bei gott
und gott ist das wort

das wort
das auf unserer zunge ist

der chinesische weise lao tse
wurde von staatsmännern
gefragt
was man tun müsse
um einen staat
zu erneuern

da sagte der weise
man muß
die sprache wiederherstellen
man muß die sprache reinigen
man muß sehen
ob die worte stimmen
ob die worte das sagen
was sie zu sagen vorgeben

da sagten die politiker zum weisen
hast du uns nicht richtig verstanden
wir haben gefragt
was man tun müsse um den staat
zu erneuern

doch doch ich habe richtig verstanden
die worte richtig stellen
denn am anfang von allem

auch am anfang eines staatswesens
ist die sprache das wort
nichts ist richtig
ohne das richtige wort
alles wird leer
wenn die worte leer sind

und nur so klappern
das richtige wort
das wort ganz nahe bei gott
ist in betlehem geboren
allerdings überhaupt nicht erkannt
geboren auf stroh
auf dem leeren stroh unserer worte
und schließlich sogar
mit unseren worten umgebracht

es erbarme sich unser
der barmherzige gott
dessen erbarmen in jesus
in seinem wort
in seinem leben
zur sprache kam
in einer welt
ohne erbarmen
zur sprache kam

es erbarme sich unser
der barmherzige gott
er verzeihe uns
unsere worte
unsere leeren
unsere finsternis verbreitenden
unsere giftigen worte
und führe
uns über eine neue sprache
zu einem neuen leben
amen!   *Wilhelm Willms*

2.35 geburt

ich wurde nicht gefragt
bei meiner zeugung
und die mich zeugten
wurden auch nicht gefragt
bei ihrer zeugung
niemand wurde gefragt
außer dem Einen

und der sagte
ja

ich wurde nicht gefragt
bei meiner geburt
und die mich gebar
wurde auch nicht gefragt
bei ihrer geburt
niemand wurde gefragt
außer dem Einen

und der sagte
ja

Kurt Marti

¹Als aber Jesus in den Tagen des Königs Herodes zu Bethlehem in Judäa geboren war, siehe, da kamen Weise aus dem Morgenland nach Jerusalem, ²die sagten: Wo ist der neugeborne König der Juden? Wir haben nämlich seinen Stern im Morgenland gesehen und sind gekommen, ihm zu huldigen. ³Als jedoch der König Herodes das hörte, erschrak er und ganz Jerusalem mit ihm. ⁴Und er ließ alle Hohenpriester und Schriftgelehrten des Volkes zusammenrufen und erfragte von ihnen, wo der Christus geboren werden sollte. ⁵Die aber sagten ihm: Zu Bethlehem in Judäa; denn so steht es durch den Propheten geschrieben:

⁶„Und du, Bethlehem" im Lande Judas, bist keineswegs „die kleinste unter den Fürstenstädten Judas; denn aus dir wird ein Herrscher hervorgehen, der mein Volk Israel weiden wird."

⁷Da berief Herodes heimlich die Weisen und erkundigte sich bei ihnen genau nach der Zeit, wann der Stern erschienen sei, ⁸und sandte sie nach Bethlehem und sagte: Ziehet hin und forschet genau nach dem Kindlein! Wenn ihr es aber gefunden habt, so meldet es mir, damit auch ich komme und ihm huldige. ⁹Und nachdem sie den König angehört hatten, zogen sie hin. Und siehe, der Stern, den sie im Morgenland gesehen hatten, ging vor ihnen her, bis er über dem Orte stillstand, wo das Kindlein war. ¹⁰Als sie aber den Stern sahen, wurden sie sehr hoch erfreut ¹¹und gingen in das Haus hinein und sahen das Kindlein mit Maria, seiner Mutter. Und sie warfen sich nieder, huldigten ihm, taten ihre Schätze auf und brachten ihm Gaben dar, Gold und Weihrauch und Myrrhe. ¹²Und da sie im Traum die Weisung empfingen, nicht zu Herodes zurückzukehren, zogen sie auf einem andern Weg in ihr Land zurück.　　　Matthäus 2,1–12

2.36 19 C + M + B 62

Ich habe nachgedacht darüber
warum sie losgingen
eine beträchtliche unordnung am himmel
eine dreifache lichtquelle
an unvermutetem platz
ein nichtbekannter unter guten bekannten
ist das ein grund zu reisen
auf versandeten straßen
mit faulendem wasser im schlauch
mehrere monate lang
sehen wir ab von höherem
das sie hinanzog vielleicht
davon verstehe ich wenig
dann würde ich es nennen
was sie forttrieb von hause
wo es ihnen gut gegangen sein muß
mit der weltumwälzenden tugend neuerer zeit
als neugier
diese denke ich schickte sie auf ihren weg
sie wollten nachsehen was los ist
eine eingetretene unordnung denkend begradigen
und einer unvermuteten helle
anweisen ihr gesetz ihren sinn ihren platz

Also konstruierten sie
ein verbessertes fernrohr
umsonst
nichts klärte sich auf
nur heller leuchtete ihnen
das ungewohnte
also charterten sie
nicht unvermögende leute
eine beachtliche karawane

dem licht auf die sprünge zu kommen
also verhandelten sie unternahmen kauften besorgten
planten gewitzt und gründlich das wasser die route
und die zeit der reise die nachts war
um abweichungen vom plan
verursacht durch den nicht ganz berechenbaren
lauf des sterns schnell korrigieren zu können
also begaben sie sich
auf den mühseligen weg der erforschung
unbekannter unordnung
in die welt gekommen
mittels licht

Gelang es den stern zu erklären
gingen sie nach hause
im bewußtsein größerer ordnung
reisen sie noch
den planlosen verwirrungen
himmels und der erden nach
haben sie die unvermutete helle
dem gewöhnlichen zwielicht angepaßt
oder bestand da die möglichkeit
daß sie sich anpaßten
dem erstaunlichen licht
ließ es sich benutzen wozu
sahen sie mehr angekommen
und dies vor allem
veränderten sich
die es sahen
die berichte sind karg und
anhaltspunkte nur dürftig
aber gesetzt das letzte wäre der fall
ich würde die reisenden loben
mich ihrer freuen und
so es noch leuchtet das ungewöhnliche licht
ansehen lange und öfters

um ihretwillen
mit der dringlichen hoffnung
auf veränderung

Die könige haben ein fernrohr gebastelt
unförmig schlecht transportabel
und wenig nütz auf der weglosen reise
durch sand die sie nächtlich machten
zu diesem einzigen zweck
einen stall zu besichtigen

Die schreiber haben eine reportage gebracht
den klatsch vom palast publiziert
und erfunden nur zweitausend leichen
unschuldiger kinder
zu diesem einzigen zweck
die könige hochzuspielen

Die kölner haben einen kasten gemacht
mit emaillestücken und steinen
getrieben verdickt und geschweift
ein glanzreiches stück in der sammlung
zu diesem einzigen zweck
die knochen zu heiligen

Der wolkenluftundwindeherr hat ein kind gern gemocht
das schrie und war nicht warm zugedeckt dort
für alle welt
und ihm zum geburtstag geschenkt
weil ihm nichts besseres einfiel
einen gewöhnlichen mittelgroßen stern
zu diesem einzigen zweck
daß es heller wäre etwas
in bethlehem
das liegt bei duisburg

Dorothee Sölle

2.37

Otto Dix: Die Weisen aus dem Morgenland

73

2.38 Weihnachten

Die kommen wollten
das Kind anzubeten
lasen unterwegs
im Stern
es fiele unter
abgeschaffte Paragraphen
man könne ihm
mit Fug und Recht
schon prophylaktisch
seine Zweifel
durch die Hände treiben
Gott
der die
Quantensprünge regelt
wohne
nie und nimmer
unter uns

Eva Zeller

2.39 Wie die Weisen

Wie die Weisen
prüfen und abwägen
beobachten und berechnen
wie die Weisen
neugierig sein
und auf der Spur bleiben
auswählen und verwerfen
wie die Weisen
forschen und Ausschau halten
lehren und lernen
wie die Weisen
suchen und aufspüren
und mit den Freunden
ein Ziel vor Augen haben
wie die Weisen
sicher sein und dem Stern folgen
nachfragen und auf Antwort warten
wie die Weisen
die Ratlosigkeit der Mächtigen ertragen
unterwegs sein und ankommen
wie die Weisen
Geschenke machen und anbeten
träumen und Gottes Weisung erfahren
wie die Weisen
hören und entscheiden
aufbrechen und unterwegs sein
wie die Weisen
sich nicht irre machen lassen
umkehren und den Weg ändern
wie die Weisen
den König suchen und das Kind finden
den Herrn suchen
und den Knecht finden

wie die Weisen
nach den Sternen greifen
und den Menschen finden

Kurt Wolff

2.40

Die Weisen aus dem Morgenland, sogenannte Intellektuelle aus den Randgebieten des Imperiums, haben sich auf die Suche nach dem Messias, dem von Gott gesandten Befreier der Menschen gemacht. Auf ihrem Weg kommen sie zu den Mächtigen, zu Herodes, der ihnen einige wichtige Informationen vermittelt. So finden die Weisen den Messias schließlich bei den Armen. Dort machen sie eine wichtige Erfahrung: Sie lernen die Welt mit den Augen der Armen zu betrachten und erkennen so die Gefährlichkeit der Mächtigen für die kleinen Leute. Darum gehen sie nicht zu Herodes zurück, um ihm ihr Wissen zur Verfügung zu stellen, sondern sie wählen andere Wege als bisher. Für Herodes sind sie verblendete Ideologen geworden, die die Chance einer konstruktiven Zusammenarbeit mit ihm und seinen Leuten zum Schaden des Volkes ausgeschlagen hätten.
Die Theologen der Befreiung haben bei den Armen die tatsächlichen Gewaltverhältnisse kennengelernt. Sie gehen daraufhin andere Wege. Kommt der Ruf zu ihrer Umkehr nicht der Aufforderung gleich, zu Herodes zurückzukehren?

Publik forum aktuell

2.41 Die lange Reise

Wer weiß, vielleicht sind sie noch immer unterwegs, hinter dem Stern her, wie Legenden halt so spielen, und kommen erst heute an ...

Am Anfang hatten sie den Stern noch gesehen, das stand fest. Sie hatten sich dessen gegenseitig immer wieder versichert seither auf dem langen Weg: Da war doch ein Stern? fragte einer die andern beiden. Ja, da war ein Stern, bestätigten sie, wir haben ihn gesehen. Und zog er nicht vor uns her? Ja, nickten sie, und wir folgten ihm. Aber das war vor vielen Jahren, wenn Jahre das rechte Wort dafür ist. Jetzt sahen sie den Stern nicht mehr. Es war wohl schon lange her, daß er ihnen erschienen war. Aber sie zogen weiter in der einmal eingeschlagenen Richtung. Ursprünglich waren sie übrigens zu sechst, als sie fortzogen. Aber irgendwie und -wo hatten sie die andern drei aus den Augen verloren. Allein waren sie weitergezogen, durch Wüsten und Gebirge, nun schon so viele Jahre lang ...

Als sie dann eines Tages an die Tore einer großen Stadt kamen, sahen sie seltsam gekleidete Menschen, die sie verwundert anstarrten und in einer fremden Sprache zu ihnen redeten. Schließlich konnten sie sich einem von ihnen verständlich machen. Man führte sie in ein Haus. Bald erschienen weise Männer, die man ihnen als Exegeten vorstellte, was wohl so etwas wie Schriftgelehrte bedeutete. Da erzählten sie denn von dem Stern, der ihnen erschienen war, das war lange her, und sie fragten, wo der neue König denn geboren werden solle. Die weisen Männer hinter den Büchern schienen verwirrt: Das ist doch alles fast zweitausend Jahre her? sagten sie zueinander, außerdem handelt es sich eindeutig um Legenden. Aber die Reisenden beharrten darauf, man solle den Ort nennen, wo der König geboren worden sei, damit sie ihm huldigten.

Zu Betlehem, sagte einer der Gelehrten schließlich, so steht es geschrieben. Doch ein anderer schüttelte den Kopf, ein wenig mitleidig, so wollte es ihnen vorkommen, und sprach von Nazaret: das sei seine Stadt, und dort sei er wohl auch zur Welt gekommen. Ein dritter nannte auch Kafarnaum am See. Doch da die Schriftgelehrten sich nicht einig werden konnten und über die rechte Antwort sogar untereinander in Streit gerieten, beschlossen die drei Reisenden, zuerst nach Betlehem zu gehen, zumal es, wie sie hörten, nicht weit entfernt lag.

Und sie sahen dort über einem Platz wirklich einen helleuchtenden Stern. Da freuten sie sich, denn er erinnerte sie an den Stern, dem sie gefolgt waren. Man wies sie in ein hohes Haus und führte sie in einen unterirdischen Raum, in dem viele Lampen brannten, und zeigte ihnen einen silberglänzenden Stern auf dem Boden. Hier war es, sagte man, genau hier. Aber ein Kind fanden sie nicht, keinen neugeborenen König. Da kamen sie überein, nach Nazaret weiterzuziehen, dem anderen Ort, den man ihnen genannt hatte. Aber wie man hört, sind die seltsamen Reisenden dort nie angekommen.

Lothar Zenetti

¹³ Als sie aber hinweggezogen waren, siehe, da erscheint ein Engel des Herrn dem Joseph im Traum und sagt: Steh auf, nimm das Kindlein und seine Mutter mit dir und fliehe nach Ägypten und bleibe dort, bis ich es dir sage, denn Herodes will das Kindlein aufsuchen, um es umzubringen. ¹⁴ Da stand er auf, nahm des Nachts das Kindlein und seine Mutter mit sich und zog hinweg nach Ägypten. ¹⁵ Und er blieb dort bis zum Tode des Herodes, damit erfüllt würde, was vom Herrn gesprochen worden ist durch den Propheten welcher sagt:

„Aus Ägypten rief ich meinen Sohn".

¹⁶ Als darauf Herodes sah, daß er von den Weisen getäuscht worden war, wurde er sehr zornig, sandte hin und ließ in Bethlehem und in dessen ganzem Gebiet alle Knäblein töten, die zweijährig und darunter waren, gemäß der Zeit, die er von den Weisen genau erkundet hatte. ¹⁷ Da wurde erfüllt, was durch den Propheten Jeremia gesprochen worden ist, welcher sagt:

¹⁸ „Eine Stimme hört man in Rama, viel Weinen und Jammern; Rahel weint um ihre Kinder und will sich nicht trösten lassen, weil sie nicht mehr sind."

¹⁹ Als aber Herodes gestorben war, siehe, da erscheint ein Engel des Herrn dem Joseph in Ägypten im Traum ²⁰ und sagt: Steh auf, nimm das Kindlein und seine Mutter mit dir und ziehe in das Land Israels; denn die, welche dem Kindlein nach dem Leben trachteten, sind gestorben. ²¹ Da stand er auf, nahm das Kindlein und seine Mutter mit sich und ging in das Land Israels. ²² Als er jedoch hörte, daß Archelaus anstatt seines Vaters Herodes über Judäa regierte, fürchtete er sich, dahin zu gehen. Nachdem er aber im Traum eine Weisung empfangen hatte, zog er hinweg in das Gebiet von Galiläa ²³ und kam in eine Stadt namens Nazareth und nahm

[dort] Wohnung, damit erfüllt würde, was durch die
Propheten gesagt worden ist:
Er wird „Nazoräer" heißen.

Matthäus 2,13–23

2.42 Die Flucht nach Ägypten

Mitunter tauchen auf Versteigerungen oder in einem Trödel-
laden mechanische Guckkästen auf, die einem auf Jahrmärk-
ten und in Bioskoptheatern gegen Einwurf eines Nickels die
Geschichte von Schneewittchen oder Ali-Baba und auch
fremde Länder vorzuführen pflegten. Es sollte dir also mög-
lich sein, ein Zyklorama des Heiligen Landes und Ägyptens
aufzustöbern, das die Szene für unser Stück bildet. Stelle die
Gaslichter klein, denn es ist Nacht in Palästina, und laß eine
Frau mit einem Kind auf einer Eselin hinter der Glasscheibe
erscheinen. Ein alter Mann begleitet sie zu Fuß. Der Name der
Eselin ist Hephzibah.

HEPHZIBAH, zum zehntenmal: Ich bin müde.

MARIA: Ich weiß, ich weiß.

HEPHZIBAH: Ich will dich gern so weit und so schnell tragen,
als ich kann, aber alles mit Maß, alles mit Maß.

JOSEPH: Wenn du nicht so viel redetest, hättest du mehr Kraft
für die Reise.

HEPHZIBAH: Nicht meine Lungen sind müde, sondern meine
Beine. Wenn ich rede, merke ich nicht, wie müde ich bin.

MARIA: Tue, was du für gut findest, Hephzibah, nur bleibe
nicht stehen. Ich kann noch immer des Herodes Kriegsknechte
hinter uns hören. (Lärm von Eisenzeug in der Kulisse rechts.)

HEPHZIBAH: Tja, ich tue, was ich kann. (Schweigen. Der Tigris gleitet auf dem Zyklorama vorbei.) Wenn wir nicht reden, werde ich stehnbleiben müssen. Wir sprachen über die Römer und die ganze politische Lage, und ich muß wiederholen, daß ich wie jedes andere denkende Wesen eine solche Lage nur mit Beunruhigung betrachten kann. Wir sprachen auch über unser Dorf, aber ich glaube nicht, daß es darüber noch irgend etwas zu sagen gibt. Habe ich nicht vergessen, euch zu erzählen, daß die Verlobung der Tochter Isaschars gelöst wurde?

MARIA: Nein.

HEPHZIBAH: Nun, dann gibt es immer noch Ideen. Ich glaube, ich kann ehrlich sagen, daß ich in Ideen aller Art zu Hause bin. Daheim auf unserm Hof, zum Beispiel, bin ich die Leiterin einer Diskussionsgruppe unter uns Frauen und Mädchen. Wir führen äußerst interessante Gespräche über Religion, dessen kann ich euch versichern. Höchst lehrreiche.

JOSEPH (als wiederum Eisengerassel aus Judäa vernehmbar wird; der Euphrat gleitet vorbei): Kannst du dich nicht ein wenig beeilen?

HEPHZIBAH: Ich sage den andern immer: Mädels, sage ich, sogar in Glaubensdingen wird von uns erwartet, daß wir unsern Verstand gebrauchen. Niemand wird zugemutet, die Angel samt Schnur und Schwimmer zu schlucken, wie die Redensart lautet. Diese Kinder zum Beispiel, die Herodes da umbringen läßt. Warum wurden sie geboren, wenn sie doch so jung sterben müssen? Kann mir jemand das beantworten? Oder, um es anders auszudrücken, warum wird der kleine Knabe in deinem Arm gerettet, während die andern umkommen müssen?

JOSEPH: Ist es nötig, dabei stehnzubleiben?

HEPHZIBAH: Ich blieb des Nachdrucks wegen stehen. – Versteht mich recht! Nicht, daß ich etwa zweifelte. Aufrichtige

Erörterung bedeutet nicht notwendig Zweifel. – Was für ein Lärm war das?

MARIA: Ich bitte dich, befleißige dich der größten Eile, deren du fähig bist. Der Lärm, den du da hörst, rührt von den Kriegsknechten des Herodes her. Mein Kind wird erschlagen werden, während du über Glaubensdinge streitest. Ich bitte dich, Hephzibah, rette es, solange du's noch vermagst!

HEPHZIBAH: Sei versichert, ich tue mein möglichstes, und ich glaube, ich komme flott genug vorwärts. Übrigens meinte ich nicht jenen Lärm dort hinten; es war ein Lärm vor uns. Selbstverständlich ist dein Kind dir teurer als andre, aber theologisch gesprochen gibt es keinen möglichen Grund dafür, daß du mit ihm heil nach Ägypten entkommen solltest, während andre an ihren ganzen Grenzen, wie es in der Übersetzung des Dr. Martin Luther heißt, getötet werden. Wenn der Messias kommt, wird das alles aufgeklärt werden, aber bis dahin gedenke ich meinen Verstand zu gebrauchen. Meine Theorie läuft darauf hinaus, daß . . .

MARIA: Hephzibah, wir werden dich wirklich schlagen müssen, wenn du so oft stehnbleibst. Hephzibah, erinnerst du dich meiner nicht? Erinnerst du dich nicht, wie du im Stall auf die Knie fielst? Erinnerst du dich nicht mehr meines Kindes?

HEPHZIBAH: Wie? Was? Aber gewiß!

MARIA: Siehst du, Hephzibah!

HEPHZIBAH: Laß mich gerade nur für einen Augenblick anhalten und umherblicken. Nein, ich wage nicht stehnzubleiben. Warum habe ich dich nicht früher erkannt! Wahrhaftig, liebste Herrin, du hättest strenger zu mir sprechen sollen. Ich wußte gar nicht, daß ich dermaßen laufen kann; es ist ein wahres Vergnügen! Gütiger Heiland, welch eine Eselin war ich doch, über den Verstand zu disputieren, während mein Heiland in Gefahr schwebt! (Eine Pyramide saust vorüber.) Seht ihr die Lichter der Stadt noch nicht? Das ist die Sphinx dort zur

Rechten, meine Herrschaften. Ja, 3655 vor Christus. – Also ist es schon eine wunderliche Welt, in der's von Eseln abhängt, ob der Heiland am Leben bleibt. Aber so ist's nun einmal. Warum hast du's mir nicht früher gesagt, liebste Herrin?

JOSEPH: Wir dachten, du werdest uns aus freien Stücken vorwärtstragen.

HEPHZIBAH: Oh, verzeih mir, Herrin, verzeih mir, Herr! Ihr hört jetzt gewiß keine Kriegsknechte mehr, dafür will ich euch bürgen. Bitte, lenke mich nicht so weit hinüber – gestatte! – hier zur Rechten geht der Weg, Herrin. Das ist der Nil, da gibt's Krokodile. – Herrin, darf ich jetzt eine Frage stellen, nun wir in Sicherheit sind?

MARIA: Ja, Hephzibah.

HEPHZIBAH: Es handelt sich um diese Sache mit dem Glauben und dem Verstand, Herrin. Ich möchte schrecklich gern unsrer Gruppe überbringen, was du darüber zu sagen hast . . .

MARIA: Meine liebe Hephzibah, vielleicht ein andermal. Für den Augenblick tue du nur wie ich und trag deinen Herrn und Meister weiter!

(Noch mehr Pyramiden sausen vorüber; Memnon singt, der Nil gleitet träumerisch vorbei, und die Herberge ist erreicht.)

Thornton Wilder

Jals, Die Flucht

2.44 Postwurfsendung

(zum zweiten advent)
an alle haushalte
zum hochheiligen weihnachtsfest

mehr licht am lichterbaum
philips osram neon
preisgünstige krippen
stilecht
mit allen schikanen
springbrunnen
mamaschreiendes kind
aufdrehbarer engel aus brokat
der weihnachtsevangelium
abspielt
(mit kirchlicher druckerlaubnis!)
alles aus plastik
abwaschbar
nach den festtagen leicht in badewanne
zu entstauben
macht freude mit wenig geld
spezialität:
stilvolle christmette nach art des hauses

nimm deine frau und das kind
und zieh fort aus diesem lande

wohin?

*SOG – solidaritätsgruppe katholischer christen in
krefeld*

2.45 alle mammas sind engelmacher

auf dem tisch die zeitung
diario de pernambuco
darin ein ausführlicher bericht über die lage der stadt recife
unter anderem in einem absatz eine statistische zahl
48% der kinder im norden der stadt sterben
im ersten lebensjahr

jesús liest das und sagt
wie hier bei uns in ibimirim
und fragt die mutter
wieso
die zuckt mit den achseln
die leute sagen
sagt sie
das ist der wille gottes
jesús muß seinen zorn besänftigen
tuberkulose kann man heilen
sagt er
milch kaufen
sagt er
wenn man geld hat
sagt maria
auch die überschwemmungen in recife hätten sie verhindern
können
wenn sie das bereitgestellte geld für die dämme nicht
verschwendet hätten
alle die
die nicht genug kriegen können
das sagst du am besten nicht laut
sagt die mutter
ich will nicht wieder auf und davon

jedes zweite kind
denkt jesús laut

gott liebt mich
gott liebt mich nicht
abzählreim
gestern haben sie francisco begraben
vor drei tagen haben sie juan begraben
vor zwei wochen haben sie josé begraben
zehn monate der erste
acht monate der zweite
dreizehn monate der dritte
wenn sie geboren werden nach neun monaten
oder nach acht
oder nach sieben
weil die mamma schwer gehoben hat
haben die babys das halbe leben schon hinter sich
alle mammas sind engelmacher
sagt jesús
gott wird das in ordnung bringen mit den kindern
antwortet maria
wir müssen das in ordnung bringen mit den kindern
sagt jesús
ja   sagt maria   du lebst   *Kurtmartin Magiera*

2.46 Herodes und andere

Herodes und andere
wollten das Kind töten
Sie starben
Josef und Maria
wollten mit dem Kind leben
Sie starben
Der Mann Jesus ist gestorben
und lebt
für Herodes und andere   *Kurt Wolff*

2.47 Zum Jahr des Kindes

„Ein Geschrei war in Rama zu hören, Weinen und
Klagen. Rachel weint um ihre Kinder ...“
                                                Matthäus 2,16–18

Ein kinderfreundliches Land:
eigene Kinderspielplätze
und Kindersendungen im Fernsehen,
Kindertheater und Kinderschokolade
und die neuesten Kindermoden
für die Wunschkinder.

Unerwünschte freilich
werden dienstags und donnerstags,
weil unzumutbar ihren Eltern,
legal und auf Schein im
Krankenhaus drüben beseitigt.
Vielleicht hätten sie gerne gelebt ...

Doch ist die Mehrheit nicht dafür
in unserm Volk, und die Regierung,
welche volksverbunden, die macht ein Gesetz.
Es darf halt hierzulande
nur Wünsche äußern,
wer ein Wunschkind ist.

Lothar Zenetti

2.48

Luis Murschetz, Ein Störfall

2.49 Hundert Herodes, tausend . . .

Welch dunkle Nacht!
Neigt sich die Welt dem Untergang?
Große schwarze Wolken künden
tödliche Stürme!
Haß und Ehrgeiz machen
die Völker rot von Blut.
Weihnachten?
Heilige Nacht?
Nacht des Friedens?
Morgenröte der Zeiten,
von Menschen erwartet?
Weihnacht, wo ist dein Glanz?
Die Krippe erglänzt nicht mehr;
das Licht deiner Nacht, sage,
wo ist es?
Hundert Herodes, tausend,
schwingen rasend
ihr mörderisches Schwert gegen deinen Christus,
den du in einer Nacht
uns gabst in Betlehem,
zum Heil gesandt
durch die Güte des Vaters,
der jetzt lebt im verletzten Herzen der Hilflosen,
der Ausgebeuteten, derer, die sich erheben
gegen die Unterdrückung!
Weihnachten heute.
Himmel, öffnet euch, daß es Gerechtigkeit regne!

Nach Heladio Camacho, Mexiko

¹ Und es begab sich, als Jesus seine Anweisungen an seine Jünger beendet hatte, ging er von da weiter, um in ihren Städten zu lehren und zu predigen. ² Als aber Johannes im Gefängnis von den Werken Christi hörte, ließ er ihm durch seine Jünger sagen: ³ Bist du es, der da kommen soll, oder sollen wir auf einen andern warten? ⁴ Und Jesus antwortete und sprach zu ihnen: Gehet hin und berichtet dem Johannes, was ihr hört und seht: ⁵ „Blinde werden sehend" und Lahme gehen, Aussätzige werden rein und Taube hören, Tote werden auferweckt und „Armen wird die frohe Botschaft gebracht", ⁶ und selig ist, wer an mir keinen Anstoß nimmt.

Matthäus 11,1–6

2.50

Als Johannes der Täufer im Gefängnis saß, sandte er zwei Jünger und ließ J. sagen: Bist du der, der da kommen soll, oder sollen wir auf einen andern warten?

Wie lange könntet ihr denn noch warten? fragte J.

Die Jünger des Johannes sahen ihn verdutzt an.

Wartet noch vier Tage, sagte J. schnell und wandte sich ab.

In drei Tagen werden sie ihn töten, sagte J. zu Petrus, der ihn fragte, was ihm fehle.

Aber dann – sagte Petrus.

Ich bin nicht, der da kommen soll, sagte J. Ich bin, der da da ist. Er hat mich angefaßt, er hat mich untergetaucht, er hat mich aufgehoben, aber gesehen hat er mich nicht. Er will es nicht erleben. Er will es nur erwarten, sagte J. und weinte bitterlich.

Adolf Muschg

2.51 Vor uns Weihnachten

Wir haben gehört, was auf uns zukommt:
das Fest der vollen Kassen und der leeren Hoffnungen;
das Fest der manipulierten Wünsche und des unerfüllt bleibenden Verlangens;
das Fest der frommen Reden und der nichts verändernden Proklamationen;
das Fest der weichen Gefühle und der fortdauernden Aggression.
Aber wir hören auch wieder, wie alle Jahre, *wer* auf uns zukommt.
Christus kommt.
Als er damals kam, fragte ihn einer, der unsicher geworden war, wie wir es heute sind: *Bist du der Richtige? Oder sollen wir weiter warten?*
Damals bekam der Frager zur Antwort: *„Blinde sehen, Lahme gehen, Aussätzige werden rein, Taube hören, Tote werden auferweckt, und den Armen wird gute Nachricht gebracht. Und der ist gut dran, der sich nicht an mir stößt."*
Daran erkennen wir also, daß er gekommen ist, auch jetzt: alles verändert sich;
man kann wieder klar sehen, das heißt: den Nebel durchstoßen – sich orientieren – den Mitmenschen wahrnehmen;
man kann wieder gehen, das heißt: Trägheit und Lähmung überwinden – Resignation besiegen – zum Mitmenschen finden; man kann Schranken überwinden, das heißt: Isolierungen der Vorurteile durchbrechen – Konventionen sprengen – den Mitmenschen aufnehmen; man kann wieder hören, das heißt: Lüge von Wahrheit unterscheiden – kritisch werden – den Ruf des Mitmenschen ernst nehmen;
man kann wieder leben, das heißt: lohnende Ziele ansteuern – Vitalität und Phantasie entfalten – für den Mitmenschen da sein. Vor uns Weihnachten – wir sehen jetzt deutlicher, wie er kommt.

Wir sehen, daß die gefüllten Kaufhäuser von seiner Fülle nichts haben.

Wir sehen, daß die vielen aus dem Vollen greifenden Hände von seinem Leben nichts begreifen.

Wir sehen, daß das Trällern der Schlummerlieder heute spätestens seinen Zorn erregt, weil er nie ein Schlafender war.

Wir sehen, wie er sich auf uns zu bewegt.

Denn die gezwungenen, manipulierten Massen zeigen es uns – wenn sie aufstehen zu einer Freiheit, in der er ihnen begegnen will. Und die „Verdammten dieser Erde" zeigen es uns – wenn Gott sie gegen die Satten mobilisiert.

Sehen wir es, wenn er heute kommt?

Oder werden wir ihn übersehen, wie alle *die* damals das erste Mal, deren Gott die Traditionen und Konventionen waren und die sich von den Verhältnissen zwingen ließen?

Aktion Politisches Nachtgebet

[1] Ein Reis wird hervorgehen aus dem Stumpf Isais, und ein Schoß aus seinen Wurzeln Frucht tragen. [2] Auf ihm wird ruhen der Geist des Herrn, der Geist der Weisheit und der Einsicht, der Geist des Rates und der Stärke, der Geist der Erkenntnis und der Furcht des Herrn. . . . [4] Er wird die Armen richten mit Gerechtigkeit und den Elenden im Lande Recht sprechen mit Billigkeit; er wird den Tyrannen schlagen mit dem Stabe seines Mundes und den Gottlosen töten mit dem Hauche seiner Lippen. . . . [6] Da wird der Wolf zu Gast sein bei dem Lamme und der Panther bei dem Böcklein lagern. Kalb und Jungleu weiden beieinander, und ein kleiner Knabe leitet sie. [7] Kuh und Bärin werden sich befreunden, und ihre Jungen werden zusammen lagern; der Löwe wird Stroh fressen wie das Rind. [8] Der Säugling wird spielen an dem Loch der Otter, und nach der Höhle der Natter streckt das kleine Kind die Hand aus.

Aus Jesaja 11,1–8

2.52 Wolf und Lamm

stellt euch vor
ich sage euch
daß wölfe bei den
lämmern weiden
ihr sagt bestimmt
das gibt es nicht
ihr kennt die welt
ihr kennt die zeiten

es treibt ein zweig
aus einem stamm
der zeichen setzt
der zukunft weist
und an diesem stamm
lagern wolf und lamm

stellt euch vor
ich sage euch
daß panther bei den
böcken schlafen
ihr sagt bestimmt
das gibt es nicht
ihr kennt die welt
ihr kennt die waffen

stellt euch vor
ich sage euch
daß kinder mit den
schlangen leben
ihr sagt bestimmt
das gibt es nicht
ihr kennt die welt
ihr kennt das leben

F. K. Barth und
H.-J. Netz

Quellennachweis

S. 16 Aus: Ders., aus der luft gegriffen. S. 154. © Verlag Butzon & Bercker, Kevelaer ⁴1984; S. 18 Aus: J. F. Thiel/H. Helf, Christliche Kunst in Afrika. Dietrich Reimer Verlag, Berlin 1984, S. 193; S. 19 Aus: Ders., Frieden im Klartext. Schalom-Gottesdienste. © 1980 by RADIUS-Verlag, Stuttgart; S. 22 Aus: Dies., Auf dem Wasser gehen. Deutsche Verlags-Anstalt. Stuttgart 1979, S. 47; S. 23 Aus: Ders., Wir stehn auf dünner Erdenhaut. Lutherisches Verlagshaus, Hamburg 1979; S. 24 Aus: U. Seidel/W. Willms, Werkbuch Weihnachten. Jugenddienst-Verlag, Wuppertal ²1973; S. 26 Aus: H. Goldstein (Hg.), Tage zwischen Tod und Auferstehung. Patmos Verlag, Düsseldorf 1984; S. 27 Foto: Paul Woei, Paramaribo (Surinam); S. 28 Aus: Ders., Abendland. Luchterhand Verlag, Darmstadt 1980; S. 31 Aus: Dies., die revolutionäre geduld. Wolfgang Fietkau Verlag, Berlin ³1982; S. 33 Aus: Dies., Stellenangebot. Lahn-Verlag, Limburg ²1982; S. 35 Aus: H. Goldstein (Hg.), a. a. O.; S. 37 Aus: Ders., geduld und revolte, die gedichte am rand. © 1984 by RADIUS-Verlag, Stuttgart; S. 38 Aus: Ders., roter faden glück. Nr. 8.5, 8.6. © Verlag Butzon & Bercker, Kevelaer ⁴1982; S. 40 © Arne A. Kollwitz, Berlin; S. 41 © Mohrbooks. Literary Agency Rainer Heumann, Zürich; S. 44 Aus: Dies., Sammelt die Schwerter ein. Mit neuer Stimme Frieden schaffen. Verlag am Eschbach, 7849 Eschbach 1982; S. 45 Aus: Dies., Stellenangebot. a. a. O.; S. 46 Aus: J. F. Thiel/H. Helf, Christliche Kunst in Afrika. a. a. O.; S. 47 Aus: Ders., Gesammelte Werke. Band VIII (Gedichte 1), © Suhrkamp Verlag, Frankfurt 1967; S. 48 © F. Fassbind, Adliswil; S. 48 Aus: Ders., Wir stehn auf dünner Erdenhaut, a. a. O.; S. 50 Aus: Ders., Ein Maulbeerbaum für die Übersicht. Neukirchner Verlag, Neukirchen-Vluyn 1980; S. 50 © W. Morgner Nachlaßverwaltung, Soest; S. 51 Aus: Dies., Salzgärten. Otto Müller Verlag, Salzburg 1975; S. 51 © J. Reding, Dortmund; S. 55 Aus: Pfarrblatt f. d. Katholiken der Region CH-4600 Olten; S. 56 © Ruth Bartsch, Lich; S. 58 Aus: Vamos Caminando. edition liberación, Münster; S. 61 © VG Bild-Kunst, Bonn/SPADEM, Paris 1986; S. 62 Aus: Ders., Jesus-Texte. © 1972 by Verlags AG Die Arche, Zürich; S. 64 Aus: Ders., Sein Programm. Neutestamentliche Texte – neu. © 1984 by RADIUS-Verlag, Stuttgart; S. 65 Aus: Ders., Mir selbst auf der Spur/Hiob. Verlag Grasl, Baden b. Wien 1977. Rechte beim Autor; S. 66 Aus: Ders., roter faden glück. Nr. 9.8. a. a. O.; S. 68 Aus: Ders., geduld und revolte. a. a. O.; S. 70 Aus: Dies., Meditationen und Gebrauchstexte. Wolfgang Fietkau Verlag, Berlin 1969; S. 73 © 1986 Otto Dix Stiftung, Vaduz; S. 74 Aus: Dies., Auf dem Wasser gehen. a. a. O.; S. 75 Aus: Ders., Kein Kinderspiel. Neukirchner Verlag, Neukirchen-Vluyn 1980; S. 76 Aus: Publik Forum – aktuell, Frankfurt am Main 1985. Sonderdruck: Theologie der Befreiung; S. 77 Aus: Ders., Die wunderbare Zeitvermehrung. Verlag J. Pfeiffer, München ²1983; S. 80 Aus: Ders., Einakter und Dreiminutenspiele. S. Fischer Verlag, Frankfurt/Main; S. 84 © JALS; S. 85 Aus: U. Seidel/W. Willms, Werkbuch Weihnachten. a. a. O.; S. 86 Aus: Ders., Ich habe dein Gesicht gesehen. S. 20. © 1975 Verlag Butzon & Bercker, Kevelaer; S. 87 Aus: Ders., Kein Kinderspiel. a. a. O.; S. 88 Aus: Ders., Die wunderbare Zeitvermehrung, a. a. O., S. 62; S. 89 © L. Murschetz; S. 90 Aus: Adveniat – Elemente für Gruppen- und Jugendgottesdienste, Essen 1982; S. 91 Aus: Ders., Geschichtenweihnacht, in: W. Erk (Hg.), Warten auf ihn. © 1981 by RADIUS-Verlag, Stuttgart; S. 92 Aus: Kritischer Konsum. Nachtgebet 1 d. ev. Gemeinde Alt-Tempelhof v. Nov. 1969, in: U. Seidel/D. Zils (Hg.), Aktion Politisches Nachtgebet. Jugenddienst-Verlag, Wuppertal 1971; S. 94 Aus: Unkraut Leben, 1977 Peter Janssens Musik Verlag, 4404 Telgte.